THE NOTEBOOKS OF
EDGAR DEGAS

THE NOTEBOOKS OF EDGAR DEGAS

A CATALOGUE OF THE
THIRTY-EIGHT NOTEBOOKS
IN THE BIBLIOTHÈQUE NATIONALE
AND OTHER COLLECTIONS

THEODORE REFF

VOLUME II

CLARENDON PRESS · OXFORD
1976

Oxford University Press, Ely House, London W. 1

GLASGOW NEW YORK TORONTO MELBOURNE WELLINGTON
CAPE TOWN IBADAN NAIROBI DAR ES SALAAM LUSAKA ADDIS ABABA
DELHI BOMBAY CALCUTTA MADRAS KARACHI LAHORE DACCA
KUALA LUMPUR SINGAPORE HONG KONG TOKYO

ISBN 0 19 817333 4

© OXFORD UNIVERSITY PRESS 1976

Illustrations by permission of S.P.A.D.E.M. by French Reproduction Rights, Inc., 1974.

PRINTED IN GREAT BRITAIN
BY FLETCHER & SON LTD
NORWICH

Nb. 1, p. 1

Nb. 1, p. 2

Nb. 1, p. 4

Nb. 1, p. 5

Nb. 1, p. 8

Nb. 1, p. 9

Nb. 1, p. 11

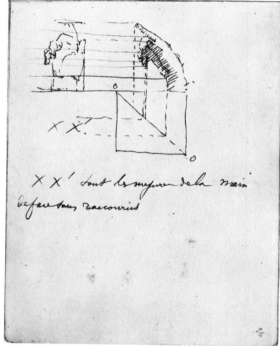

Nb. 1, p. 12

Racourcis

Nb. 1, p. 30

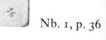

Nb. 1, p. 36

Nb. 1, p. 37

Nb. 1, p. 38

Nb. 1, p. 39

Nb. 1, p. 40

Nb. 1, p. 41

Nb. 1, p. 45

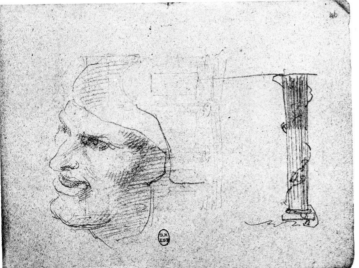

Nb. 1, p. 46

Nb. 1, p. 47

Nb. 2, p. 3

Nb. 2, p. 4

Nb. 2, p. 5

Nb. 2, p. 9

Nb. 2, p. 11

Nb. 2, p. 12

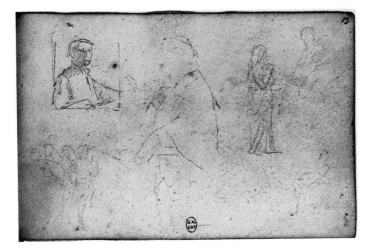

Nb. 2, p. 13

Nb. 2, p. 19

Nb. 2, p. 20

Nb. 2, p. 21

Nb. 2, p. 22

Nb. 2, p. 24

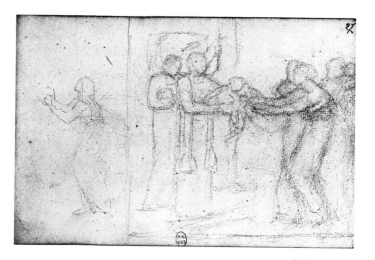

Nb. 2, p. 27

Nb. 2, p. 31

Nb. 2, p. 32

Nb. 2, p. 34

Nb. 2, p. 35

Nb. 2, p. 37

Nb. 2, p. 40

Nb. 2, p. 43

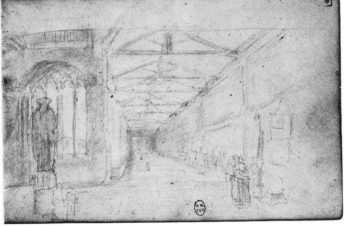

Nb. 2, p. 45

Nb. 2, p. 47

Nb. 2, p. 49

Nb. 2, p. 50

Nb. 2, p. 51

Nb. 2, p. 56

Nb. 2, p. 57

Nb. 2, p. 59

Nb. 2, p. 58A

Nb. 2, p. 58B

Nb. 2, p. 64

Nb. 2, p. 65

Nb. 2, p. 67

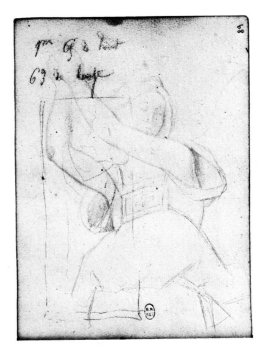

Nb. 2, p. 68

Nb. 2, p. 71

Nb. 2, p. 73

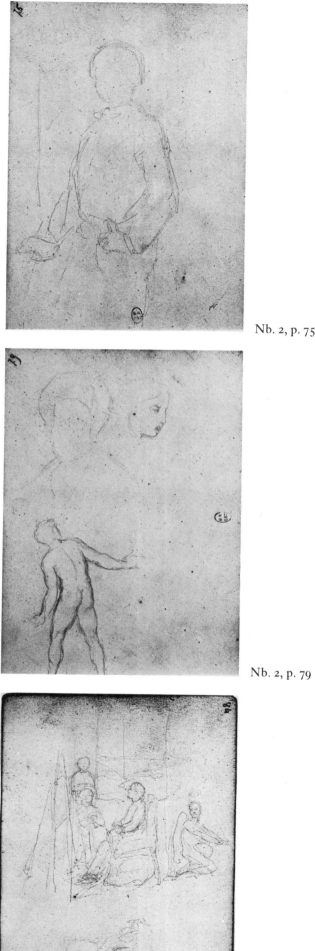

Nb. 2, p. 75

Nb. 2, p. 77

Nb. 2, p. 79

Nb. 2, p. 83

Nb. 2, p. 84

Nb. 2, p. 85

 Nb. 3, p. 93

 Nb. 3, p. 92

 Nb. 3, p. 89

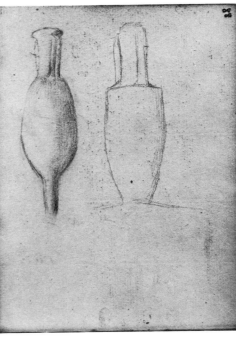

 Nb. 3, p. 88

 Nb. 3, p. 87

 Nb. 3, p. 82

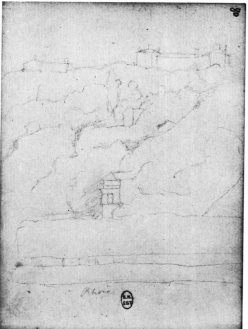

Nb. 3, p. 80

Nb. 3, p. 78

Nb. 3, p. 67

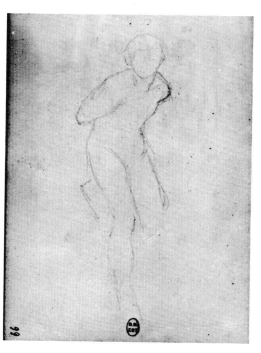

Nb. 3, p. 66

Nb. 3, p. 65

Nb. 3, p. 64

Nb. 3, p. 62

Nb. 3, p. 60

Nb. 3, p. 57

Nb. 3, p. 56

Nb. 3, p. 53

Nb. 3, p. 51

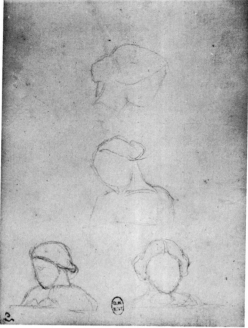

Nb. 3, p. 50

Nb. 3, p. 49

Nb. 3, p. 47

Nb. 3, p. 45

Nb. 3, p. 44

Nb. 3, p. 42

Nb. 3, p. 41

Nb. 3, p. 37

Nb. 3, p. 36

Nb. 3, p. 34

Nb. 3, p. 30

Nb. 3, p. 28

Nb. 3, p. 27

Nb. 3, p. 25

Nb. 3, p. 26

Nb. 3, p. 24

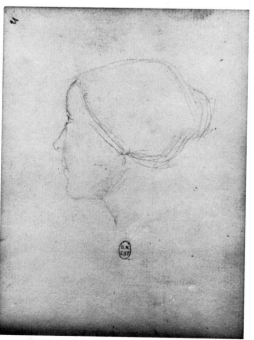

Nb. 3, p. 22

Nb. 3, p. 21

Nb. 3, p. 19

Nb. 3, p. 20

Nb. 3, p. 16

Nb. 3, p. 15

Nb. 3, p. 14

Nb. 3, p. 13

Nb. 4, p. 131

Nb. 4, p. 130

Nb. 4, p. 114

Nb. 4, p. 125

Nb. 4, p. 111

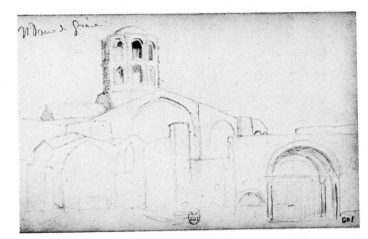

Nb. 4, p. 103

Nb. 4, p. 107

Nb. 4, p. 102

Nb. 4, p. 101

Nb. 4, p. 99

Nb. 4, p. 97

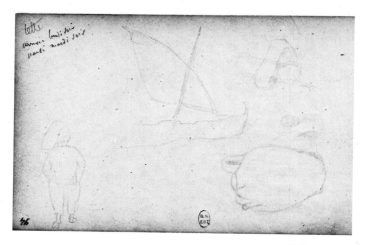

Nb. 4, p. 94

Nb. 4, p. 95

Nb. 4, p. 89

Nb. 4, p. 87

Nb. 4, p. 85

Nb. 4, p. 82

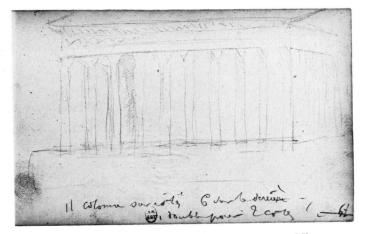

Nb. 4, p. 79

Nb. 4, p. 72

Nb. 4, p. 70

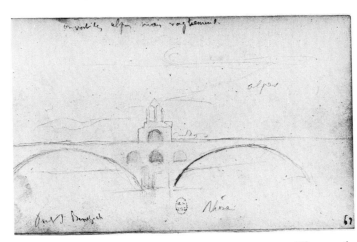

Nb. 4, p. 69

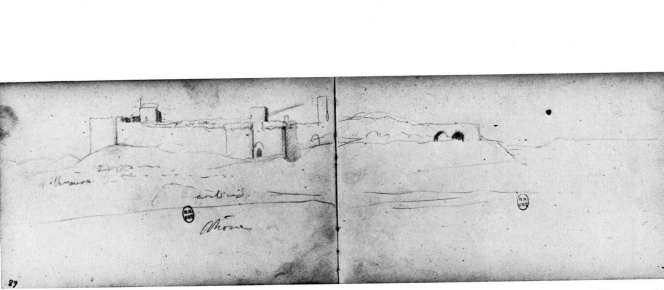

Nb. 4, pp. 68–7

Nb. 4, p. 65

Nb. 4, p. 66

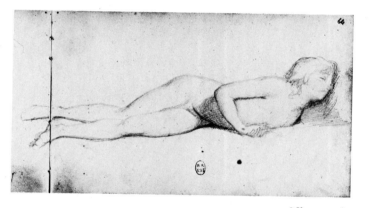

Nb. 4, p. 64

Nb. 4, p. 1

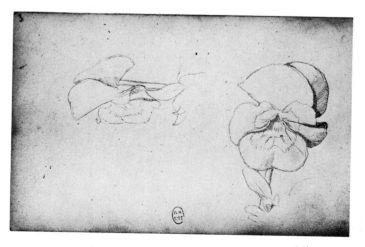

Nb. 4, p. 3

Nb. 4, p. 2

Nb. 4, p. 6

Nb. 4, p. 9

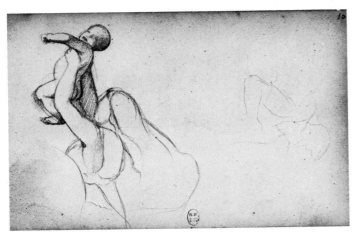

Nb. 4, p. 10

Nb. 4, p. 11

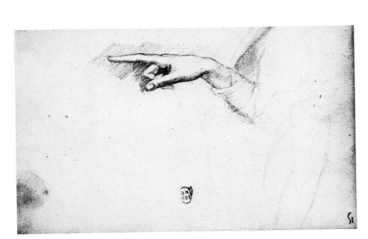

Nb. 4, p. 15

Nb. 4, p. 16

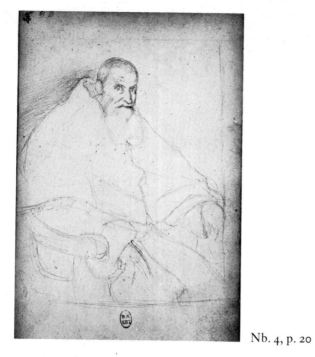

Nb. 4, p. 20

Nb. 4, p. 22

Nb. 4, p. 23

Nb. 4, p. 25

Nb. 4, p. 26

Nb. 4, p. 27

Nb. 4, p. 28

Nb. 4, p. 29

Nb. 4, p. 30

Nb. 4, p. 31

Nb. 4, p. 32

Nb. 4, p. 33

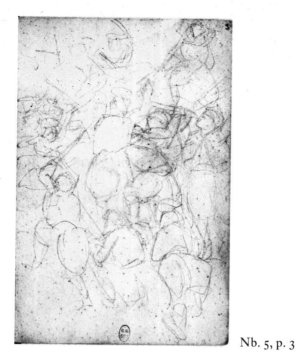

Nb. 5, p. 3

Nb. 5, p. 5

Nb. 5, p. 11

Nb. 5, p. 17

Nb. 5, p. 19

Nb. 5, p. 21B

Nb. 5, p. 25

Nb. 5, p. 27

Nb. 5, p. 32

Nb. 5, p. 35

Nb. 5, p. 39

Nb. 5, p. 41

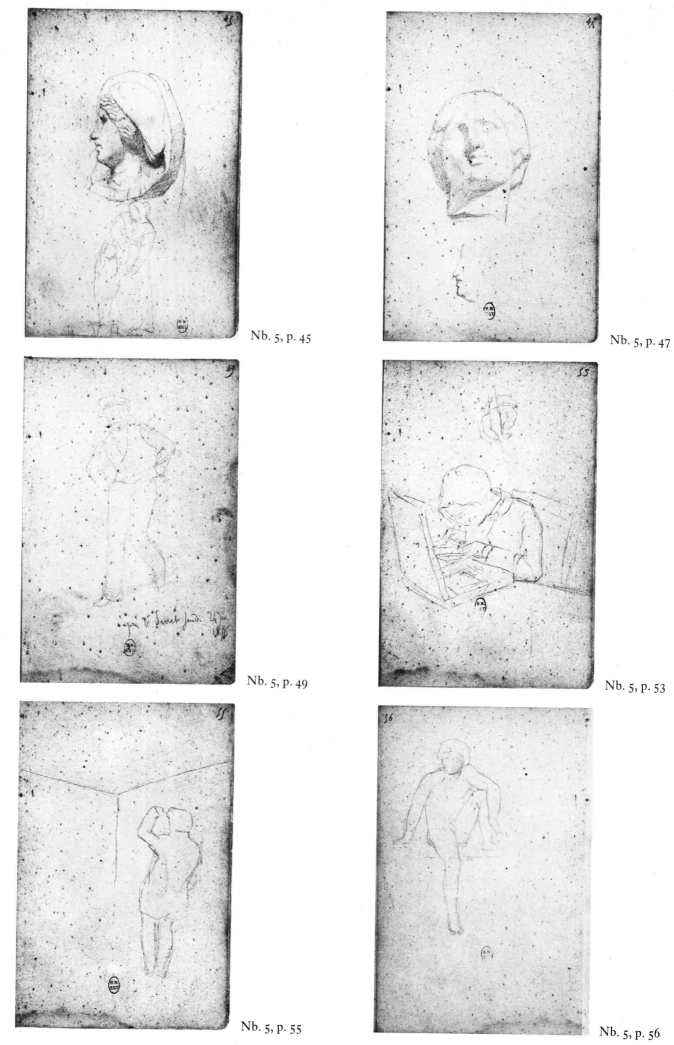

Nb. 5, p. 45

Nb. 5, p. 47

Nb. 5, p. 49

Nb. 5, p. 53

Nb. 5, p. 55

Nb. 5, p. 56

Nb. 6, p. 81

Nb. 6, p. 75

Nb. 6, p. 74

Nb. 6, p. 73

Nb. 6, p. 72

Nb. 6, p. 71

Vox audita est de Rhamâ, Rachel plorantis
filios Suos, et non est Consolata, quia non
Sunt.

Nb. 6, p. 70

Nb. 6, p. 69

Nb. 6, p. 65

Herodote Clio VIII

Nb. 6, p. 63

Nb. 6, p. 58

Nb. 6, p. 56

Nb. 6, p. 54

Nb. 6, p. 50

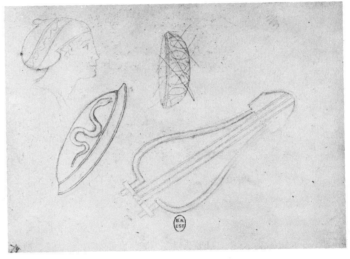

Nb. 6, p. 48

Nb. 6, p. 47

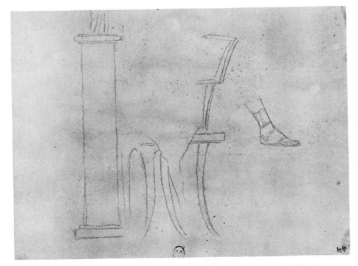

Nb. 6, p. 44

Nb. 6, p. 42

Nb. 6, p. 41

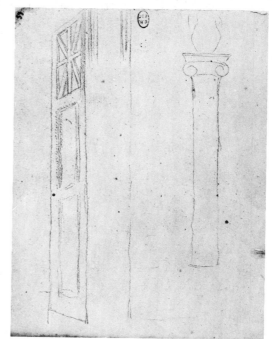

Nb. 6, p. 39

Nb. 6, p. 36

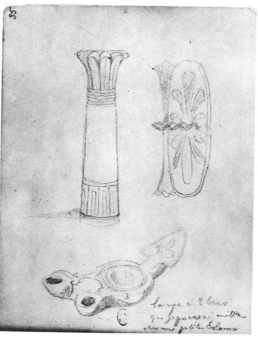

Nb. 6, p. 35

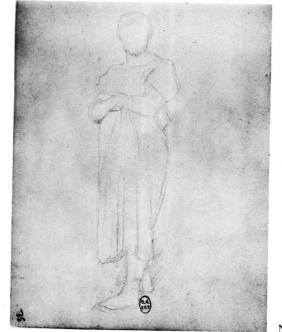

Nb. 6, p. 32

Nb. 6, p. 31

Nb. 6, p. 30

Nb. 6, p. 26

Nb. 6, p. 25

Nb. 6, p. 24

Nb. 6, p. 20

Nb. 6, p. 19

Nb. 6, p. 18

Nb. 6, p. 16

Nb. 6, p. 15

Nb. 6, p. 14

Nb. 6, p. 13

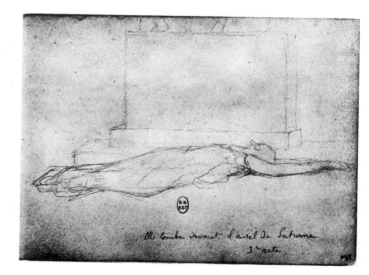

Nb. 6, p. 12

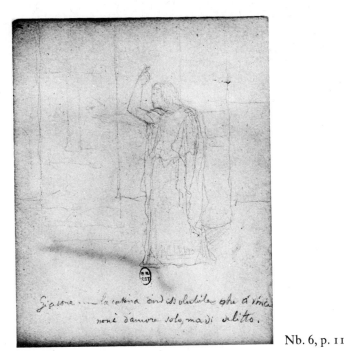

Giasone la catena ond'è solubile che d'vince
non è d'amore solo, ma di delitto.

Nb. 6, p. 11

le figlie di Giasone

Nb. 6, p. 10

Nb. 6, p. 9

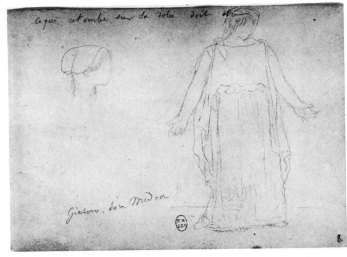

ce qui est ombre sur sa robe doit être

Giasone, son Medea

Nb. 6, p. 8

Nb. 6, p. 7

Nb. 6, p. 6

Nb. 7, p. 1V

Nb. 7, p. 2

Nb. 7, p. 3

Nb. 7, p. 3V

Nb. 7, p. 4

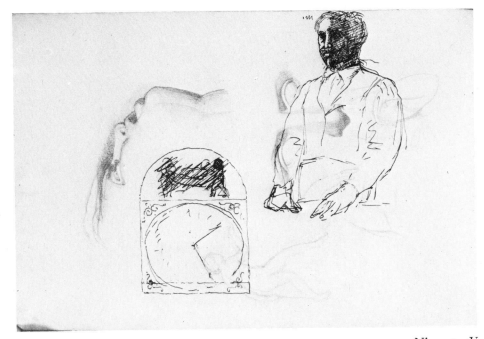

Nb. 7, p. 4V

Nb. 7, p. 5

Nb. 7, p. 5V

Nb. 7, p. 6

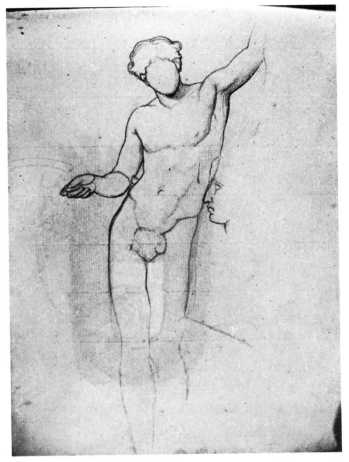

Nb. 7, p. 6V

Nb. 7, p. 7

Nb. 7, p. 8

Nb. 7, p. 8V

Nb. 7, p. 10V

Nb. 7, p. 11

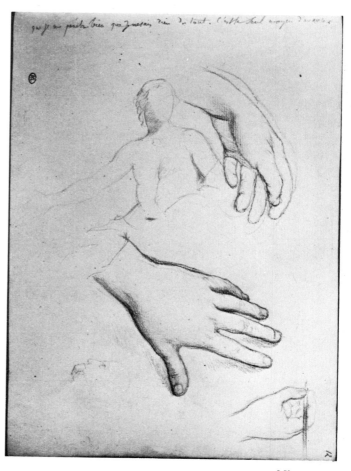

Nb. 7, p. 12

Nb. 7, p. 15

Nb. 7, p. 16

Nb. 7, p. 17V

Nb. 7, p. 18

Nb. 7, p. 19

Nb. 7, p. 21

Nb. 7, p. 22

Nb. 7, p. 23

Nb. 7, p. 26

Nb. 7, p. 27

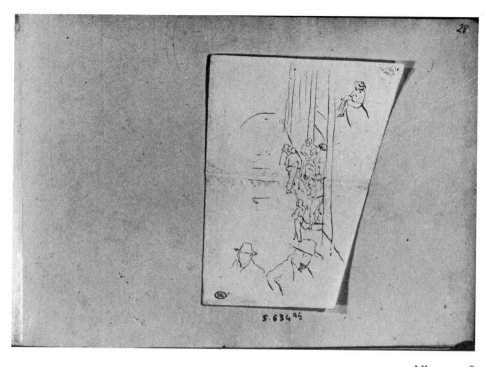

Nb. 7, p. 28

Nb. 7, p. 44

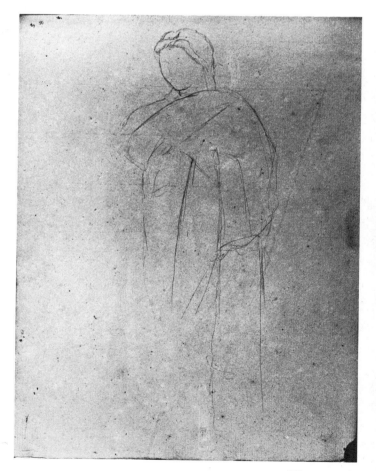

Nb. 7, p. 44 V

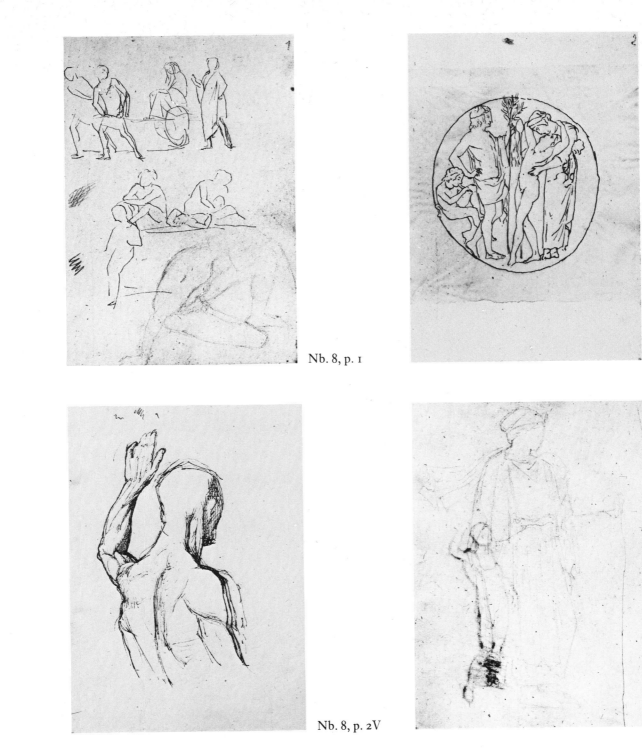

Nb. 8, p. 1

Nb. 8, p. 2

Nb. 8, p. 2V

Nb. 8, p. 3V

Nb. 8, p. 4

Nb. 8, p. 4V

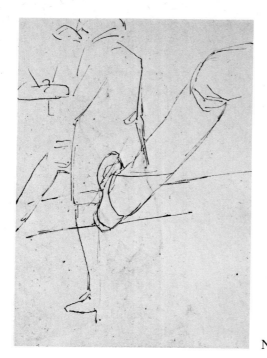

Nb. 8, p. 4A

Nb. 8, p. 4B

Nb. 8, p. 5

Nb. 8, p. 6

Nb. 8, p. 6V

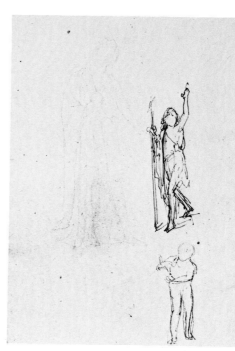

Nb. 8, p. 7V

Nb. 8, p. 8

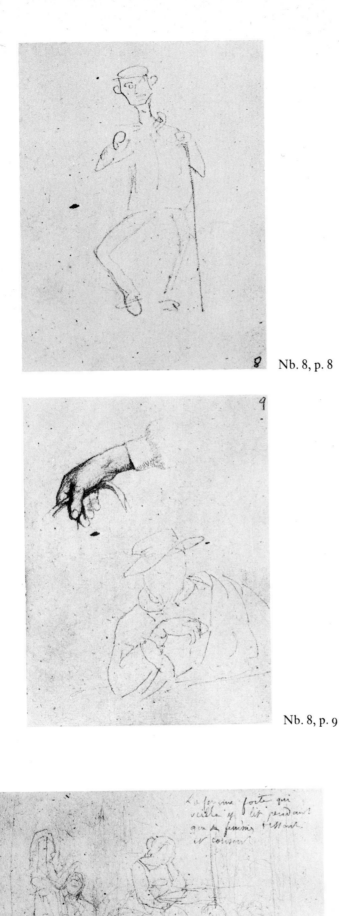

8

Nb. 8, p. 8V

9

Nb. 8, p. 9

10

Nb. 8, p. 10

11

Nb. 8, p. 11

44

Nb. 8, p. 12V

Nb. 8, p. 15

Nb. 8, p. 16

Nb. 8, p. 21

Nb. 8, p. 22

Nb. 8, p. 22V

Nb. 8, p. 23

Nb. 8, p. 23V

Nb. 8, p. 24V

Nb. 8, p. 25V

Nb. 8, p. 26

Nb. 8, p. 26V

Nb. 8, p. 27

Nb. 8, p. 28

Nb. 8, p. 29

Nb. 8, p. 32

Nb. 8, p. 33

Nb. 8, p. 34

Nb. 8, p. 35V

Nb. 8, p. 38

Nb. 8, p. 38V

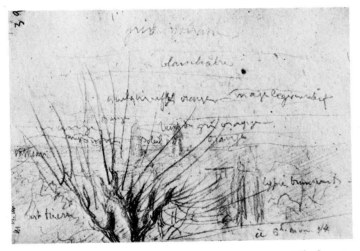

Nb. 8, p. 39

Nb. 8, p. 39V

Nb. 8, p. 40

Nb. 8, p. 41

Nb. 8, p. 42V

Nb. 8, p. 41V

Nb. 8, p. 43

Nb. 8, p. 45

Nb. 8, p. 45V

Nb. 8, p. 47

Nb. 8, p. 49V

Nb. 8, p. 50

Nb. 8, p. 51V

Nb. 8, p. 52

Nb. 8, p. 53

Nb. 8, p. 53V

Nb. 8, p. 55

Nb. 8, p. 56V

Nb. 8, p. 59B

Nb. 8, p. 60

Nb. 8, p. 60V

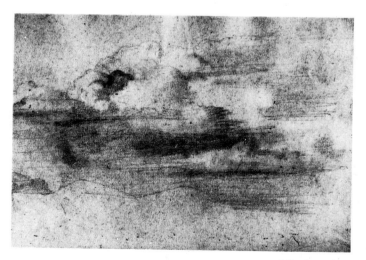

Nb. 8, p. 66V

Nb. 8, p. 67

Nb. 8, p. 68V

Nb. 8, pp. 69V–70

Nb. 8, p. 71

Nb. 8, p. 71V

Nb. 8, p. 72V

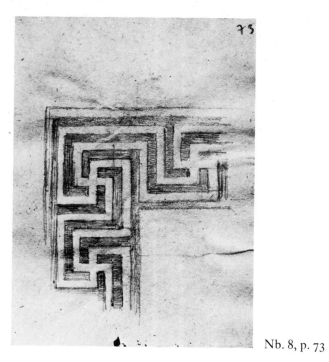

Nb. 8, p. 73

Nb. 8, p. 74

Nb. 8, p. 75

Nb. 8, p. 75V

Nb. 8, p. 76V

Nb. 8, p. 77

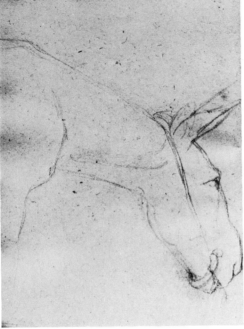

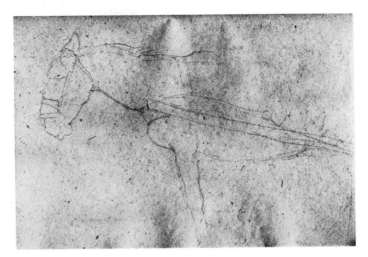

Nb. 8, p. 78V

Nb. 8, p. 77V

Nb. 8, p. 79

Nb. 8, p. 79V

Nb. 8, p. 80

Nb. 8, p. 80V

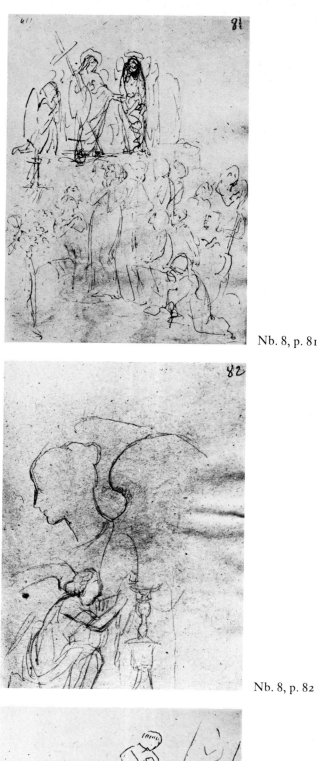

Nb. 8, p. 81

Nb. 8, p. 81V

Nb. 8, p. 82

Nb. 8, p. 82V

Nb. 8, p. 83

Nb. 8, p. 83V

Nb. 8, p. 84

Nb. 8, p. 85

Nb. 8, p. 85V

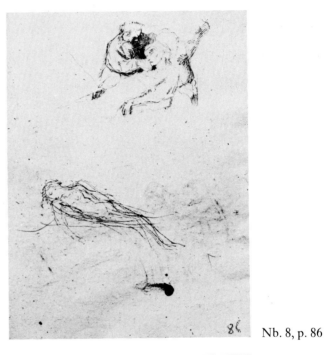

Nb. 8, p. 86

Nb. 8, p. 86V

Nb. 8, p. 88V

Nb. 9, p. 4

Nb. 9, p. 5

Nb. 9, p. 6

Nb. 9, p. 7

Nb. 9, p. 8

Nb. 9, p. 9

Nb. 9, p. 13

Nb. 9, p. 11

Nb. 9, p. 17

Nb. 9, p. 18

Nb. 9, p. 19

Nb. 9, p. 21

Nb. 9, p. 23

Nb. 9, p. 25

Nb. 9, p. 27

Nb. 9, p. 29

Nb. 9, p. 31

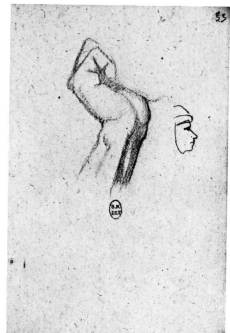

Nb. 9, p. 33

Nb. 9, p. 37

Nb. 9, p. 39

Nb. 9, p. 42

Nb. 9, p. 43

Nb. 9, p. 44

Nb. 9, p. 45

Nb. 9, p. 47

Nb. 9, p. 48

Nb. 9, p. 49

Nb. 9, p. 50

Nb. 9, p. 51

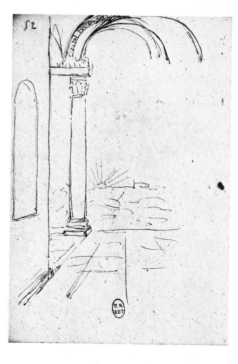

Nb. 9, p. 52

Nb. 9, p. 53

Nb. 9, p. 54

Nb. 9, p. 55

Nb. 9, p. 56

Nb. 9, p. 57

Nb. 9, p. 59

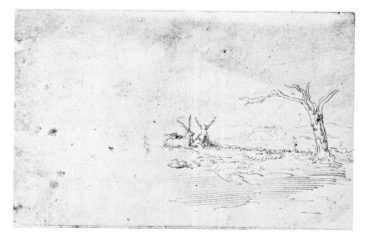

Nb. 10, p. A

Nb. 10, p. 1

Nb. 10, p. 2

Nb. 10, p. 3

Nb. 10, p. 6

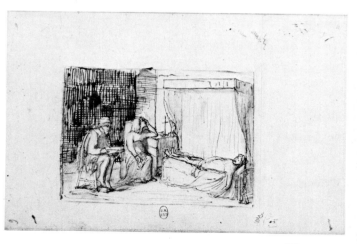

Nb. 10, p. 9

Nb. 10, p. 10

Nb. 10, p. 11

Nb. 10, p. 12

Nb. 10, p. 17

Nb. 10, p. 21

Nb. 10, p. 22

Nb. 10, p. 23

Nb. 10, p. 25

Nb. 10, p. 27A

Nb. 10, p. 28

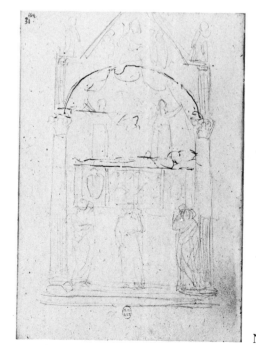

Nb. 10, p. 31

Nb. 10, p. 32

Nb. 10, p. 33

Nb. 10, p. 34
(*detail*)

Nb. 10, p. 38

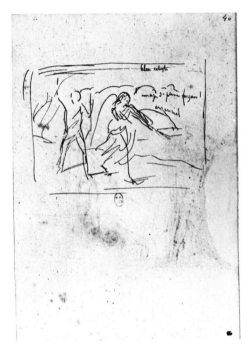

 Nb. 10, p. 40

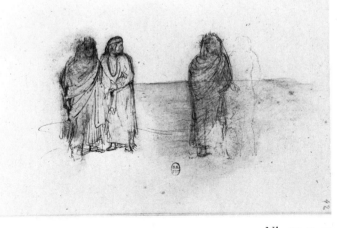

Nb. 10, p. 42

 Nb. 10, p. 41

Nb. 10, p. 45

Nb. 10, p. 43

Nb. 10, p. 49

Nb. 10, p. 47

Nb. 10, p. 53

Nb. 10, p. 55

Nb. 10, p. 56

Nb. 10, p. 57

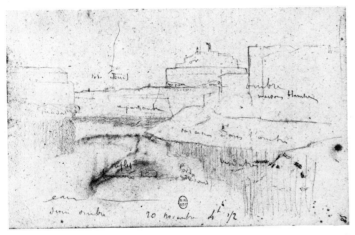

Nb. 10, p. 58

Nb. 10, p. 59

Nb. 10, p. 60

Nb. 10, p. 61

Nb. 10, p. 62

Nb. 10, p. 63

Nb. 10, p. 64

Nb. 10, p. 65

Nb. 10, p. 66

Nb. 10, p. 67

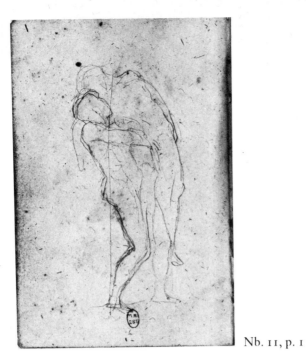

Nb. 11, p. 1

Nb. 11, p. 2

Nb. 11, p. 6

Nb. 11, p. 7

Nb. 11, p. 8

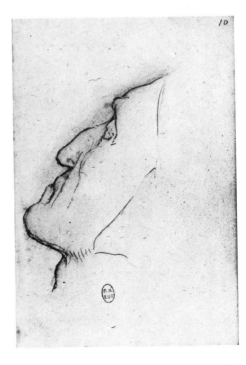

Nb. 11, p. 10

Nb. 11, p. 11

Nb. 11, p. 12

Nb. 11, p. 13

Nb. 11, p. 14

Nb. 11, p. 16

Nb. 11, p. 17

Nb. 11, p. 18

Nb. 11, p. 22

Nb. 11, p. 23

Nb. 11, p. 25

Nb. 11, p. 26

Nb. 11, p. 31

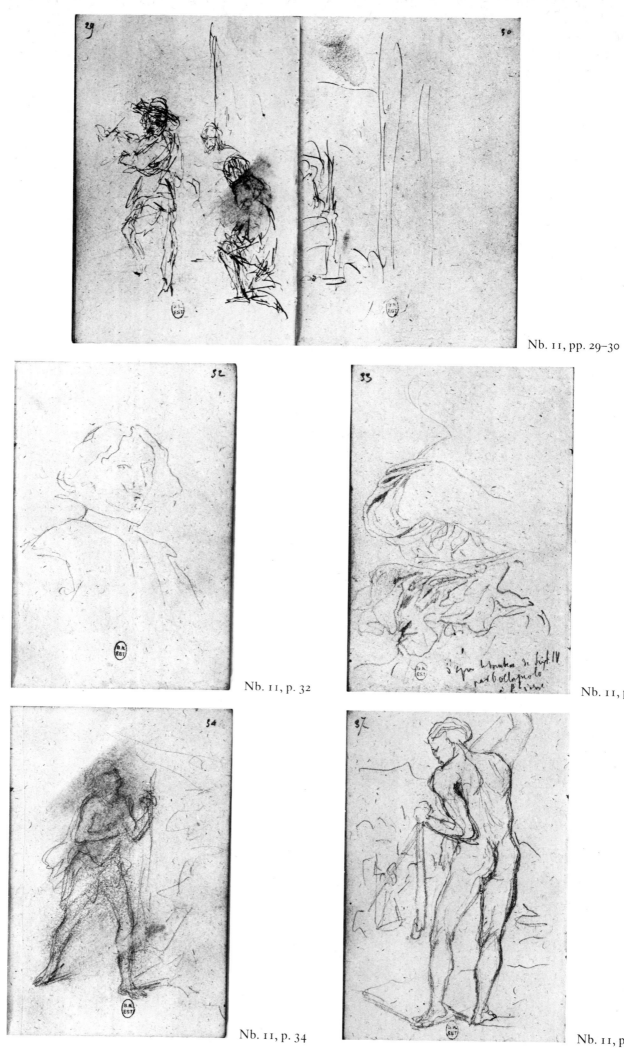

Nb. 11, pp. 29–30

Nb. 11, p. 32

Nb. 11, p. 33

Nb. 11, p. 34

Nb. 11, p. 37

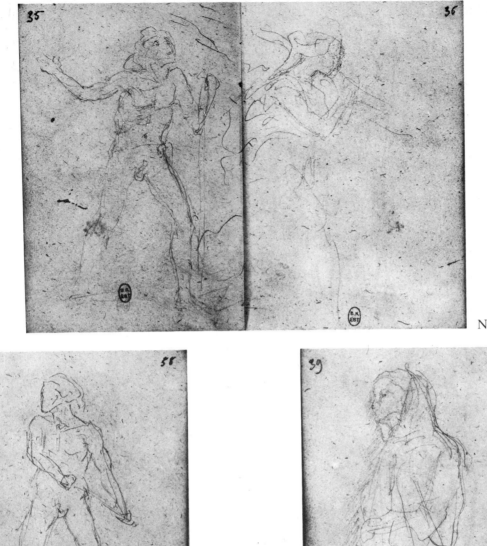

Nb. 11, pp. 35-6

Nb. 11, p. 38

Nb. 11, p. 39

Nb. 11, p. 40

Nb. 11, p. 43

Nb. 11, p. 44

Nb. 11, p. 48

Nb. 11, p. 82

Nb. 11, p. 46

Nb. 11, p. 67

Nb. 11, p. 84

Nb. 12, p. 1

Nb. 12, p. 3

Nb. 12, p. 4

Nb. 12, p. 5

Nb. 12, p. 6

Nb. 12, p. 7

Nb. 12, p. 9

Nb. 12, p. 10

Nb. 12, p. 11

Nb. 12, p. 13

Nb. 12, p. 14

Nb. 12, p. 15

Nb. 12, p. 16

Nb. 12, p. 17

Nb. 12, p. 18

Nb. 12, p. 19

Nb. 12, p. 20

Nb. 12, p. 25

Nb. 12, p. 40

Nb. 12, p. 41

Nb. 12, p. 42

Nb. 12, p. 43

Nb. 12, p. 46

Nb. 12, p. 49

Nb. 12, p. 52

Nb. 12, p. 54

Nb. 12, p. 55

Nb. 12, p. 57

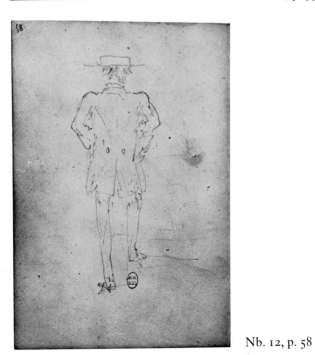

Nb. 12, p. 58

Nb. 12, p. 60

Nb. 12, p. 62

Nb. 12, p. 64

Nb. 12, p. 65

Nb. 12, p. 66

Nb. 12, p. 67

Nb. 12, p. 68

Nb. 12, p. 69

Nb. 12, p. 70

Nb. 12, p. 71

Nb. 12, p. 72

Nb. 12, p. 74

Nb. 12, p. 75

Nb. 12, p. 77

Nb. 12, p. 78

Nb. 12, p. 79

Nb. 12, p. 84

Nb. 12, p. 85

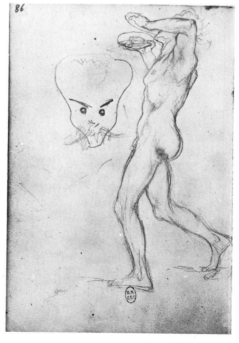

Nb. 12, p. 86

Nb. 12, p. 87

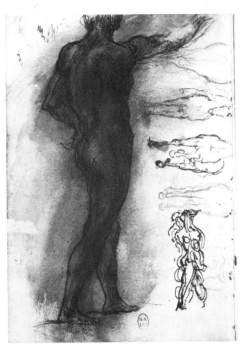

Nb. 12, p. 88

Nb. 12, p. 89

Nb. 12, p. 90

Nb. 12, p. 92

Nb. 12, p. 93

Nb. 12, p. 94

Nb. 12, p. 95

Nb. 12, p. 96

Nb. 12, p. 97

Nb. 12, p. 98

Nb. 12, p. 103

Nb. 13, p. 3

Nb. 13, p. 4

Nb. 13, p. 5

Nb. 13, p. 7

Nb. 13, p. 8

Nb. 13, p. 9

Nb. 13, p. 10

Nb. 13, p. 12

Nb. 13, p. 14

Nb. 13, p. 15

Nb. 13, p. 21

Nb. 13, p. 22

Nb. 13, p. 23

Nb. 13, p. 25

Nb. 13, p. 26

Nb. 13, p. 27

Nb. 13, p. 28

Nb. 13, p. 30

Nb. 13, p. 31

Nb. 13, p. 33

Nb. 13, p. 34

Nb. 13, p. 36

Nb. 13, p. 37

Nb. 13, p. 38

Nb. 13, p. 43

Nb. 13, p. 45

Nb. 13, p. 47

Nb. 13, p. 48

Nb. 13, p. 49

Nb. 13, p. 50

Nb. 13, p. 51

Nb. 13, p. 52

Nb. 13, p. 53

Nb. 13, p. 54

Nb. 13, p. 55

Nb. 13, p. 56

Nb. 13, p. 57

Nb. 13, p. 58

Nb. 13, p. 59

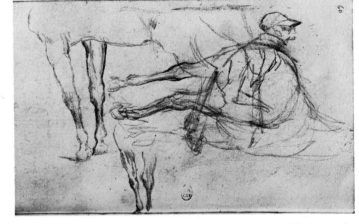

Nb. 13, p. 60

Nb. 13, p. 61

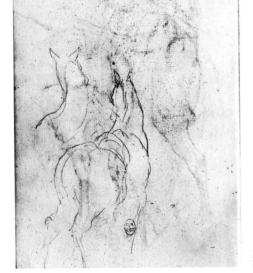

Nb. 13, p. 62

Nb. 13, p. 63

Nb. 13, p. 64

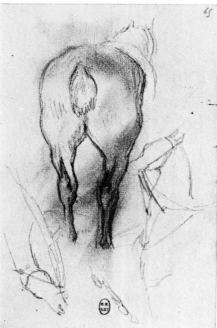

Nb. 13, p. 65

Nb. 13, p. 66

Nb. 13, p. 67

Nb. 13, p. 68

Nb. 13, p. 69

Nb. 13, p. 70

Nb. 13, p. 71

Nb. 13, p. 73

Nb. 13, p. 75

Nb. 13, p. 76

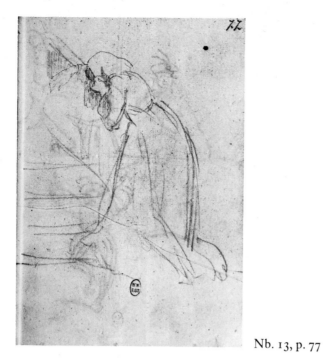

Nb. 13, p. 77

Nb. 13, p. 77A

Nb. 13, p. 77B

Nb. 13, p. 78

Nb. 13, p. 79

Nb. 13, p. 81

Nb. 13, p. 84

Nb. 13, p. 85

Nb. 13, p. 88

Nb. 13, p. 89

Nb. 13, p. 90

Nb. 13, p. 91

Nb. 13, p. 93

Nb. 13, p. 96

Nb. 13, p. 99

Nb. 13, p. 95

Nb. 13, p. 98

Nb. 13, p. 100

Nb. 13, p. 101

Nb. 13, p. 102

Nb. 13, p. 103

Nb. 13, p. 105

Nb. 13, p. 106

Nb. 13, p. 107

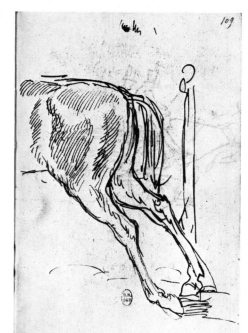

Nb. 13, p. 108

Nb. 13, p. 109

Nb. 13, p. 110

Nb. 13, p. 111

Nb. 13, p. 112

Nb. 13, p. 113

Nb. 13, p. 114

Nb. 13, p. 117

Nb. 13, p. 118

Nb. 13, p. 115

Nb. 13, p. 119

Nb. 13, p. 120

Nb. 13, p. 122

Nb. 13, p. 123

Nb. 13, p. 125

Nb. 13, p. 126

Nb. 13, p. 127

Nb. 13, p. 142A

Nb. 14, p. 1

Nb. 14, p. 5

Nb. 14, p. 9

Nb. 14, p. 10

Nb. 14, p. 12

Nb. 14, p. 14

Nb. 14, p. 15

Nb. 14, p. 17

Nb. 14, p. 19

Nb. 14, p. 20

Nb. 14, p. 22

Nb. 14, p. 23

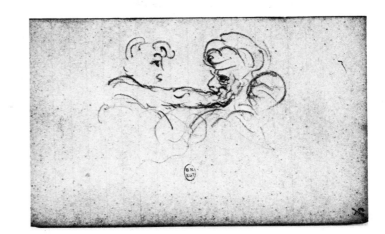

Nb. 14, p. 27

Nb. 14, p. 25

Nb. 14, p. 31

Nb. 14, p. 33

Nb. 14, p. 35

Nb. 14, p. 37

Nb. 14, p. 38

Nb. 14, p. 39

Nb. 14, p. 41

Nb. 14, pp. 42–3

Nb. 14, p. 44

Nb. 14, p. 45

Nb. 14, p. 47

Nb. 14, p. 46

Nb. 14, p. 49

Nb. 14, p. 51

Nb. 14, p. 54

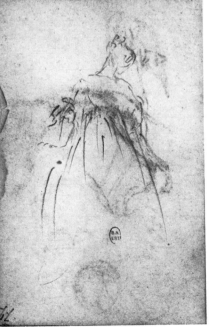

Nb. 14, p. 77

Nb. 14, p. 76

Nb. 14, p. 75

Nb. 14, p. 74

Nb. 14, p. 73

Nb. 14, p. 72

Nb. 14, p. 70

Nb. 14, p. 67

Nb. 14, p. 66

Nb. 14, p. 65

Nb. 14, p. 64

Nb. 14, p. 62

Nb. 14, p. 57

Nb. 14, pp. 61–60

Nb. 14, p. 80

Nb. 14, p. 78

Nb. 14, p. 79

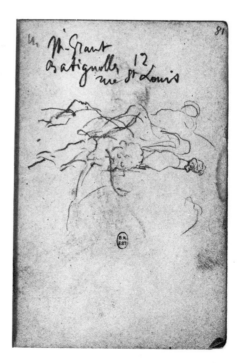

Nb. 14, p. 81

Nb. 14A, p. 599

Nb. 14A, p. 600V

Nb. 14A, p. 600

Nb. 14A, p. 1

Nb. 14A, pp. 2–3

Nb. 14A, p. 5

Nb. 14A, p. 7

Nb. 14A, p. 9

Nb. 14A, p. 11

Nb. 14A, p. 13

Nb. 14A, p.

Nb. 14A, p. 17

Nb. 14A, p. 19

Nb. 14A, p. 21

Nb. 14A, p. 24

Nb. 14A, p. 29

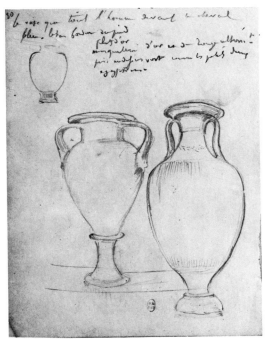

Nb. 14A, p. 30

Nb. 14A, p. 33

Nb. 14A, p. 35

Nb. 14A, p. 36

Nb. 14A, p. 3

Nb. 14A, p. 39

Nb. 14A, p. 60

Nb. 15, p. 1

Nb. 15, p. 5

Nb. 15, p. 5A

Nb. 15, p. 5B

Nb. 15, p. 7

Nb. 15, p. 6

Nb. 15, p. 10

Nb. 15, p. 13

Nb. 15, p. 15

Nb. 15, p. 17

Nb. 15, p. 18

Nb. 15, p. 19

Nb. 15, p. 21

Nb. 15, p. 22

Nb. 15, p. 23

Nb. 15, p. 24

Nb. 15, p. 25

Nb. 15, p. 27

Nb. 15, p. 28

Nb. 15, p. 30

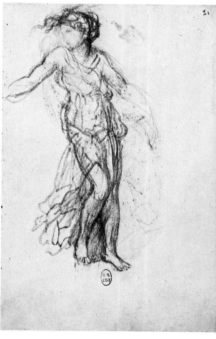

Nb. 15, p. 31

Nb. 15, p. 32

Nb. 15, p. 34

Nb. 15, p. 35

Nb. 16, p. 5

Nb. 16, p. 7

Nb. 16, p. 9

Nb. 16, p. 15

Nb. 16, p. 17

Nb. 16, p. 19

Nb. 16, p. 23

Nb. 16, p. 21

Nb. 16, p. 25

Nb. 16, p. 27

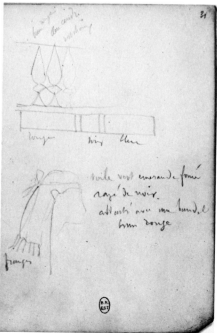

Nb. 16, p. 29

Nb. 16, p. 31

Nb. 16, p. 33

Nb. 16, p. 35

Nb. 16, p. 36

Nb. 16, p. 38

Nb. 16, p. 40

Nb. 16, p. 42

Nb. 17, p. 1

Nb. 17, p. 2

Nb. 17, p. 3

Nb. 17, p. 4

Nb. 17, p. 5

Nb. 17, p. 6

Nb. 17, p. 7

Nb. 17, p. 8

Nb. 17, p. 9

Nb. 18, p. 3

Nb. 18, p. 1

Nb. 18, p. 5

Nb. 18, p. 6

Nb. 18, p. 7

Nb. 18, p. 9

Nb. 18, p. 11

Nb. 18, p. 13

Nb. 18, p. 15

Far Left: Nb. 18, p.
Left: Nb. 18, p. 18

Nb. 18, p. 19

Nb. 18, p. 20

Nb. 18, p. 21

Nb. 18, p. 23

Nb. 18, p. 24

Nb. 18, p. 25

Nb. 18, p. 27

Nb. 18, p. 29

Nb. 18, p. 31

Nb. 18, p. 33

Nb. 18, p. 35

Nb. 18, p. 36

Nb. 18, p. 37

Nb. 18, p. 39

Nb. 18, p. 41

Nb. 18, p. 51

Nb. 18, p. 53

Nb. 18, p. 54 (*detail*)

Nb. 18, p. 55

Nb. 18, p. 57

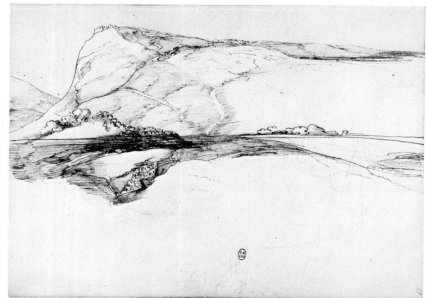

Nb. 18, p. 59

Nb. 18, p. 61

Nb. 18, p. 63

Nb. 18, p. 65

Nb. 18, p. 66

Nb. 18, p. 67

Nb. 18, p. 68

Nb. 18, p. 69

Nb. 18, p. 71

Nb. 18, p. 70

Nb. 18, p. 72

Nb. 18, p. 73

Nb. 18, p. 74

Nb. 18, p. 75

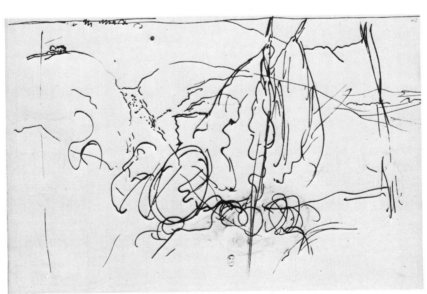

Nb. 18, p. 76

Nb. 18, p. 77

Nb. 18, p. 79

Nb. 18, p. 80A

Nb. 18, p. 83

Nb. 18, p. 85

Nb. 18, p. 87

Nb. 18, p. 86

Nb. 18, p. 89

Nb. 18, p. 91

Nb. 18, p. 92

Nb. 18, p. 93

Nb. 18, p. 94

Nb. 18, p. 95

Nb. 18, p. 96

Nb. 18, p. 97

Nb. 18, p. 98

Nb. 18, p. 99

Nb. 18, p. 101

Nb. 18, p. 100

Nb. 18, p. 103

Nb. 18, p. 102

Nb. 18, p. 104

Nb. 18, p. 105

Nb. 18, p. 106 (*detail*)

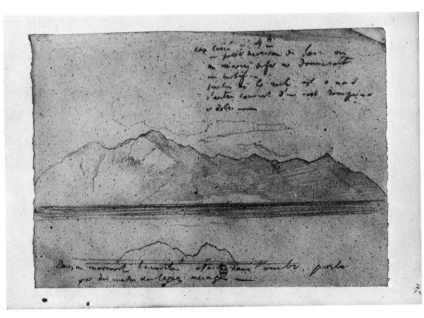

Nb. 18, p. 107

Nb. 18, p. 109

Nb. 18, p. 111B

Nb. 18, p. 111

Nb. 18, p. 113

Nb. 18, p. 116

Nb. 18, p. 115

Nb. 18, p. 117

Nb. 18, p. 118

Nb. 18, p. 119

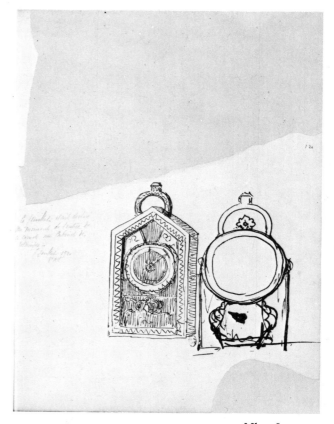

Nb. 18, p. 121

Nb. 18, p. 123

Nb. 18, p. 125

Nb. 18, p. 127

Nb. 18, p. 126

Nb. 18, p. 131

Nb. 18, p. 129

Nb. 18, p. 133

Nb. 18, p. 137

Nb. 18, p. 135

Nb. 18, p. 139

Nb. 18, p. 140 (*detail*)

Nb. 18, p. 141

Nb. 18, p. 143

Nb. 18, p. 145

Nb. 18, p. 147

Nb. 18, p. 149

Nb. 18, p. 151

Nb. 18, p. 153

Nb. 18, p. 154

Nb. 18, p. 155

Nb. 18, p. 157

Nb. 18, p. 158

Nb. 18, p. 159

Nb. 18, p. 162

Nb. 18, p. 163

Nb. 18, p. 165

Nb. 18, p. 167

Nb. 18, p. 171

Nb. 18, p. 173

Nb. 18, p. 175

Nb. 18, p. 177

Nb. 18, p. 180

Nb. 18, p. 181

Nb. 18, p. 182

Nb. 18, p. 183

Nb. 18, p. 185

Nb. 18, p. 187

Nb. 18, p. 188

Nb. 18, p. 189

Nb. 18, p. 190

Nb. 18, p. 191

Nb. 18, p. 192

Nb. 18, p. 193

Nb. 18, p. 194

Nb. 18, p. 195

Nb. 18, p. 196

Nb. 18, p. 197

Nb. 18, p. 198

Nb. 18, p. 199

Nb. 18, p. 201

Nb. 18, p. 202

Nb. 18, p. 203

Nb. 18, p. 204

Nb. 18, p. 205

Nb. 18, p. 206

Nb. 18, p. 207

Nb. 18, p. 208

Nb. 18, p. 209

Nb. 18, p. 210

Nb. 18, p. 211

Nb. 18, p. 213

Nb. 18, p. 215

Nb. 18, p. 217

Nb. 18, p. 221

Nb. 18, p. 220

Nb. 18, p. 222

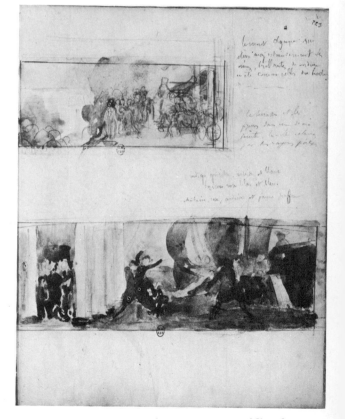

Nb. 18, p. 223

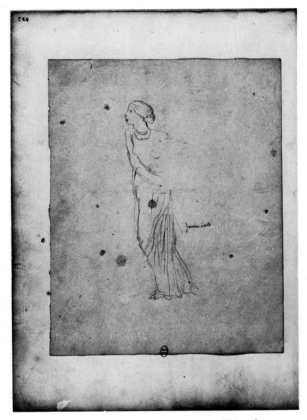

Nb. 18, p. 224

Nb. 18, p. 229

Nb. 18, p. 230

Nb. 18, p. 231

Nb. 18, p. 233

Nb. 18, p. 235

Nb. 18, p. 239

Nb. 18, p. 241

Nb. 18, p. 243

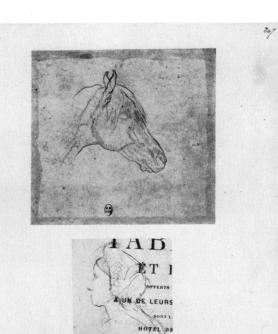

Nb. 18, p. 247

Nb. 18, p. 244 (*detail*)

Nb. 18, p. 245 (*detail*)

Nb. 18, p. 255

Nb. 18, p. 256

Nb. 19, p. 3

Nb. 19, p. 6

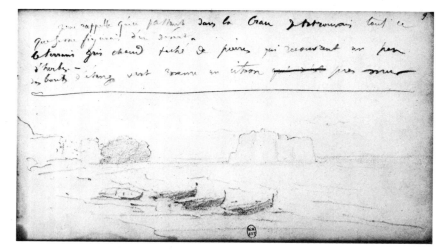

Nb. 19, p. 9

Nb. 19, p. 11

Nb. 19, p. 13

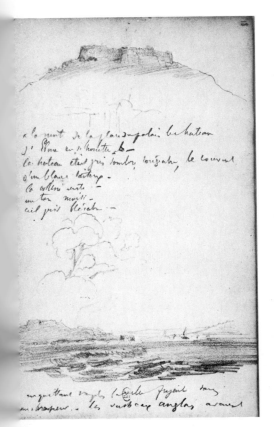

Nb. 19, p. 16

Nb. 19, p. 17

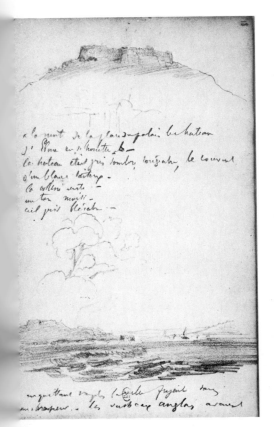

Nb. 19, p. 18

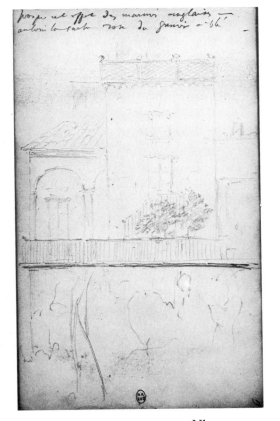

Nb. 19, p. 19

Nb. 19, p. 20

Nb. 19, p. 22

Nb. 19, p. 25

Nb. 19, p. 27

Nb. 19, p. 29

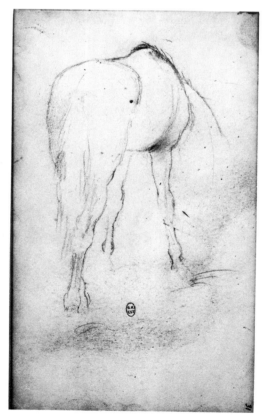

Nb. 19, p. 31

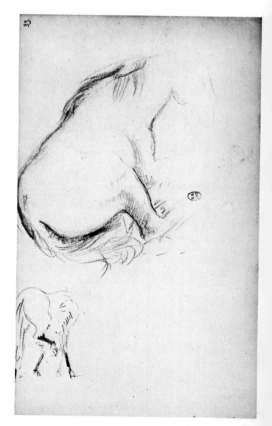

Nb. 19, p. 33

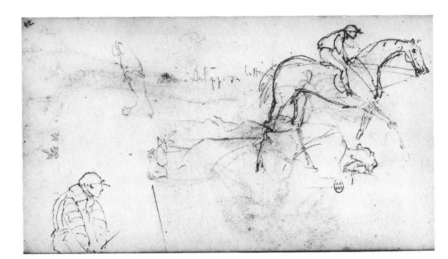

Nb. 19, p. 44 Nb. 19, p. 46 Nb. 19, p. 48

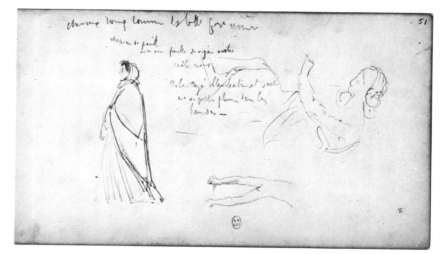

Nb. 19, p. 51

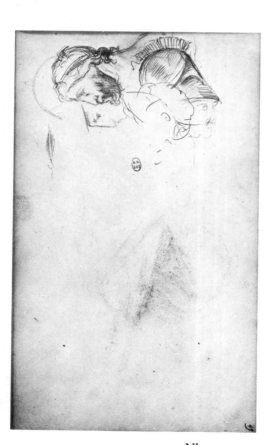

Nb. 19, p. 49

Nb. 19, p. 53

Nb. 19, p. 55

Nb. 19, p. 52

Nb. 19, p. 59

Nb. 19, p. 58

Nb. 19, p. 61

Nb. 19, p. 63

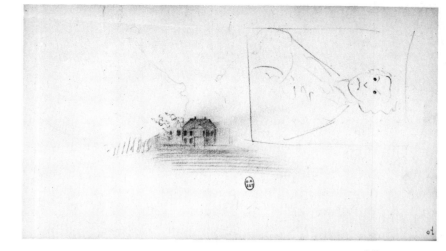

Nb. 19, p. 70

Nb. 19, p. 76

Nb. 19, p. 65

Nb. 19, p. 96

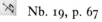

 Nb. 19, p. 67

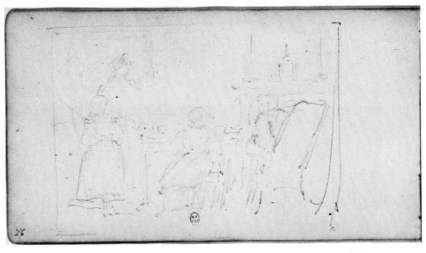

Nb. 19, p. 97

Nb. 19, p. 97

Nb. 19, p. 98

Nb. 19, p. 100

Nb. 19, p. 99

Nb. 19, p. 101

Nb. 19, p. 102 Nb. 20, p. 3

Nb. 20, p. 1

Nb. 20, pp. 4–5

Nb. 20, p. 7

Nb. 20, p. 8

Nb. 20, p. 9

Nb. 20, p. 10

Nb. 20, p. 12

Nb. 20, p. 11

Nb. 20, p. 14

Nb. 20, p. 13

Nb. 20, p. 17

Nb. 20, p. 18

Nb. 20, pp. 20–1

Nb. 20, p. 25

Nb. 20, p. 26

Nb. 20, p. 27

Nb. 20, p. 29

Nb. 20, p. 31

Nb. 21, p. 2

Nb. 21, p. A

Nb. 21, p. 1V

Nb. 21, p. 2V

Nb. 21, p. 3

Nb. 21, p. 3V

Nb. 21, p. 4V

Nb. 21, p. 5V

Nb. 21, p. 6

Nb. 21, p. 11

Nb. 21, p. 6V

Nb. 21, p. 7

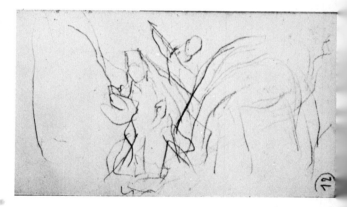

Nb. 21, p. 12

Nb. 21, p. 13

Nb. 21, p. 13V

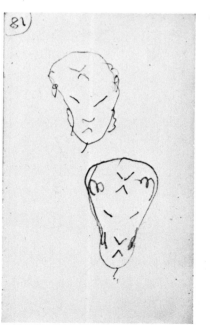

Nb. 21, p. 14V

Nb. 21, p. 18

Nb. 21, p. 18V

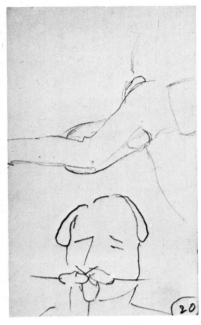

Nb. 21, p. 25V

Nb. 21, p. 20

Nb. 20, p. 27

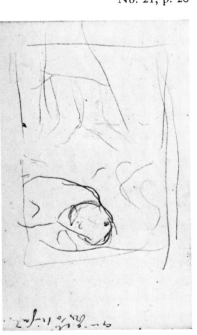

Nb. 21, p. 27V

Nb. 21, p. 29

Nb. 21, p. 32

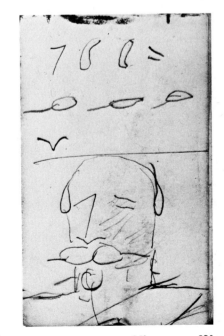

Nb. 21, p. 35V

Nb. 21, p. 36V

Nb. 21, p. 38V

Nb. 22, p. 1

Nb. 22, p. 9

Nb. 22, p. 11

Nb. 22, p. 13

Nb. 22, p. 17

Nb. 22, p. 15

Nb. 22, p. 19

Nb. 22, p. 21

Nb. 22, p. 23

Nb. 22, p. 25

Nb. 22, p. 27

Nb. 22, p. 29

Nb. 22, p. 31

Nb. 22, p. 33

Nb. 22, p. 35

Nb. 22, p. 37

Nb. 22, p. 39

Nb. 22, p. 41

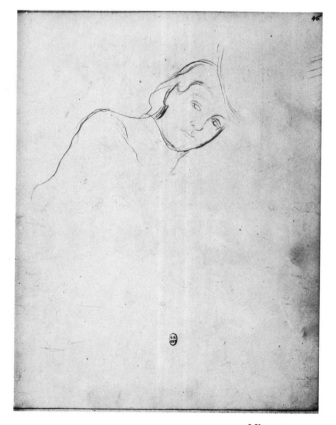

Nb. 22, p. 45

Nb. 22, p. 46

Nb. 22, p. 47

Nb. 22, p. 48

Nb. 22, p. 49

Nb. 22, p. 50

Nb. 22, p. 51

Nb. 22, p. 52

Nb. 22, p. 58

Nb. 22, p. 59

Nb. 22, p. 62

Nb. 22, p. 63

Nb. 22, p. 64

Nb. 22, p. 66

Nb. 22, p. 68

Nb. 22, p. 70

Nb. 22, p. 71

Nb. 22, p. 72

Nb. 22, p. 78

Nb. 22, p. 79

Nb. 22, p. 80

Nb. 22, p. 82

Nb. 22, p. 83

Nb. 22, p. 85

Nb. 22, p. 86

Nb. 22, p. 87

Nb. 22, p. 89

Nb. 22, p. 91

Nb. 22, p. 94

Nb. 22, p. 96

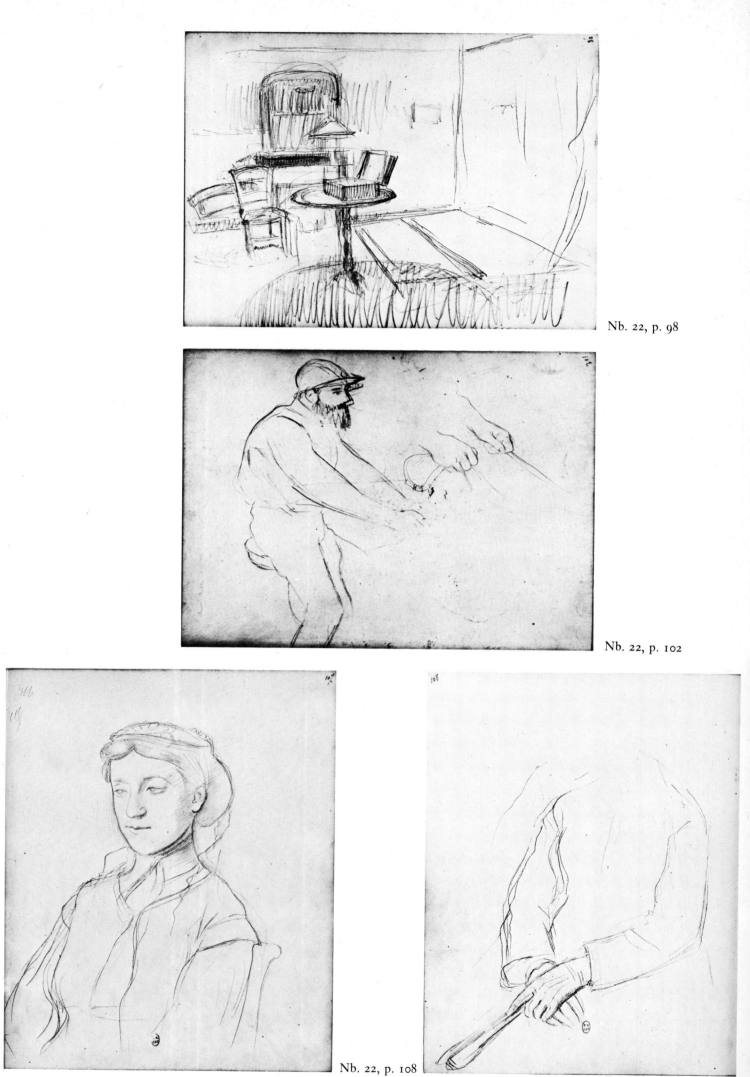

Nb. 22, p. 98

Nb. 22, p. 102

Nb. 22, p. 107

Nb. 22, p. 108

Nb. 22, p. 109

Nb. 22, p. 110

Nb. 22, p. 111

Nb. 22, p. 112

Nb. 22, p. 113

Nb. 22, p. 116

Nb. 22, pp. 114-15

Nb. 22, p. 117

Nb. 22, p. 119

Nb. 22, p. 121

Nb. 22, p. 123

Nb. 22, p. 127

Nb. 22, p. 129

Nb. 22, p. 131

Nb. 22, p. 135

Nb. 22, p. 150

Nb. 22, p. 186

Nb. 22, p. 204

Nb. 22, p. 214

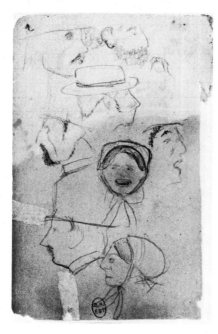

Nb. 23, p. 2

Nb. 23, p. 3

Nb. 23, p. 4

Nb. 23, p. 6

Nb. 23, p. 7

Nb. 23, p. 8

Nb. 23, p. 11

Nb. 23, p. 12

Nb. 23, p. 13

Nb. 23, p. 15

Nb. 23, p. 18

Nb. 23, p. 20

Nb. 23, p. 21

Nb. 23, p. 24

Nb. 23, p. 28

Nb. 23, p. 29

Nb. 23, p. 30

Nb. 23, p. 31

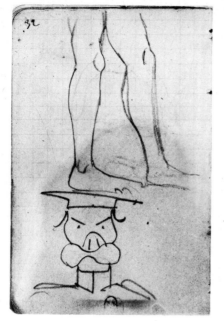

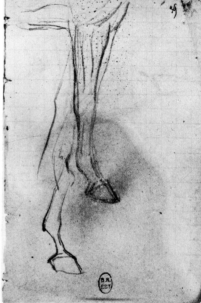

Nb. 23, p. 34

Nb. 23, p. 32

Nb. 23, p. 33

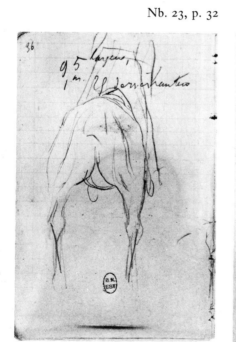

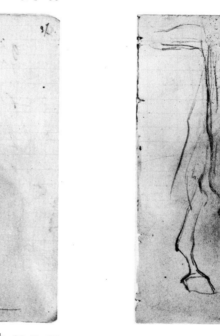

Nb. 23, p. 36

Nb. 23, p. 37

Nb. 23, p. 39

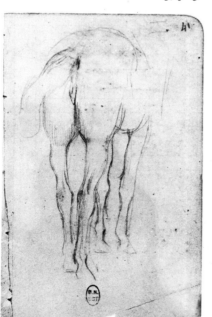

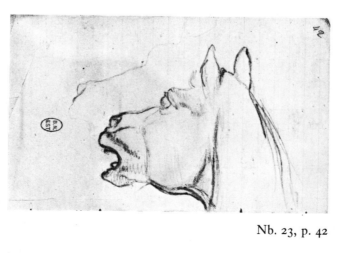

Nb. 23, p. 41

Nb. 23, p. 42

Nb. 23, p. 70

Nb. 23, p. 73

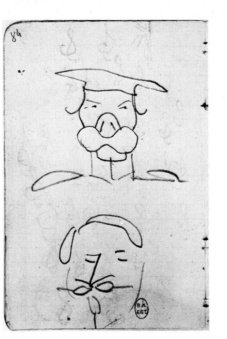

Nb. 23, p. 84

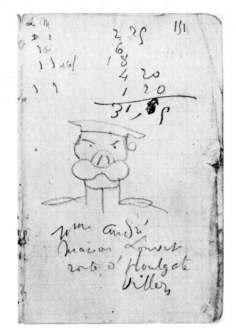

Nb. 23, p. 151

Nb. 23, pp. 152–3

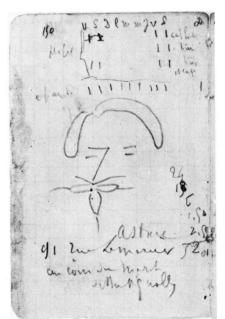

Nb. 23, p. 150

Nb. 23, p. 149

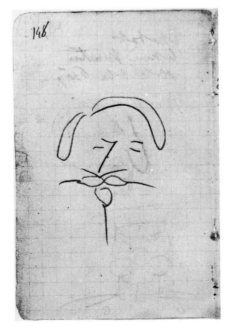

Nb. 23, p. 148

Nb. 23, p. 147

Nb. 24, p. 1

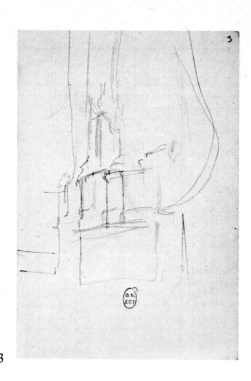

Nb. 24, p. 3

Nb. 24, p. 5

Nb. 24, p. 9

Nb. 24, p. 10

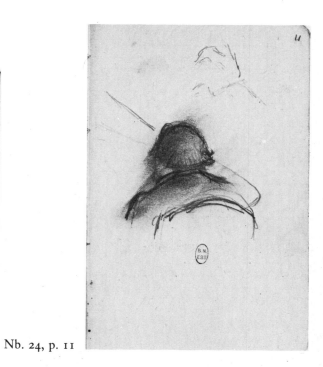

Nb. 24, p. 11

Nb. 24, p. 13

Nb. 24, p. 15

Nb. 24, pp. 16–17

foie de souffre
100 gr.
par bain
2 bains par semaine

Nb. 24, p. 19

Nb. 24, p. 27

Nb. 24, p. 29

Nb. 24, p. 30

Nb. 24, p. 31

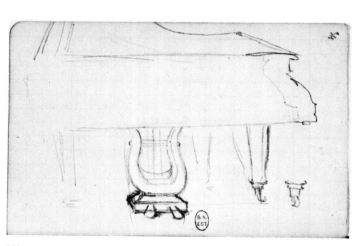

Nb. 24, p. 34

Nb. 24, p. 36

Nb. 24, p. 37

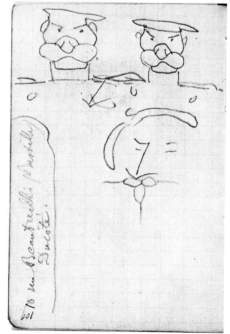

Nb. 24, p. 109

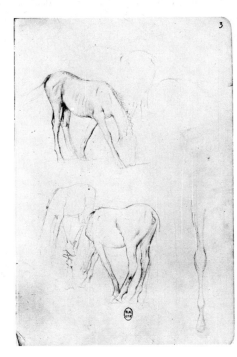

Nb. 25, p. 3

Nb. 25, p. 7

Nb. 25, p. 11

Nb. 25, p. 13

Nb. 25, p. 19

Nb. 25, p. 29

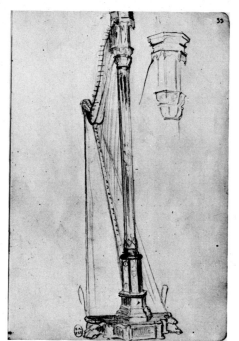

Nb. 25, p. 33

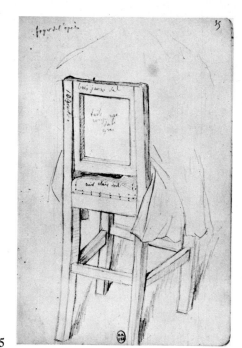

Nb. 25, p. 35

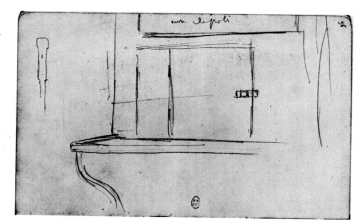

Nb. 25, p. 36

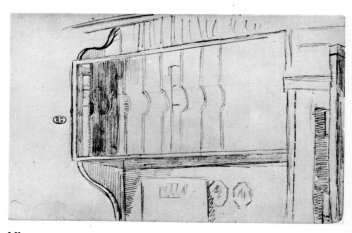

Nb. 25, p. 37

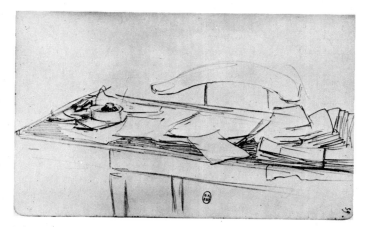

Nb. 25, p. 39

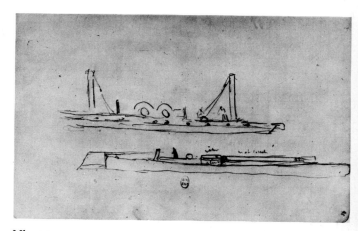

Nb. 25, p. 41

Nb. 25, p. 173

Nb. 25, p. 172

Nb. 25, p. 171

Nb. 25, p. 170

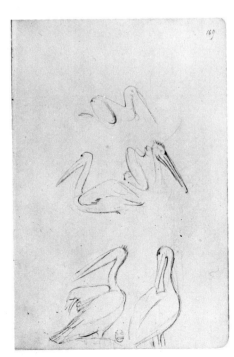

Nb. 25, p. 169

Nb. 25, p. 168

Nb. 25, p. 167

Nb. 25, p. 165

Nb. 25, p. 164

Nb. 25, p. 163

Nb. 25, p. 162

Nb. 25, p. 161

Nb. 26, pp. 23–4

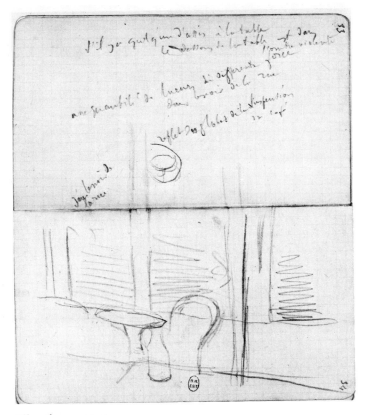

Nb. 26, pp. 33–4

Nb. 26, p. 27

Nb. 26, p. 28

Nb. 26, p. 96

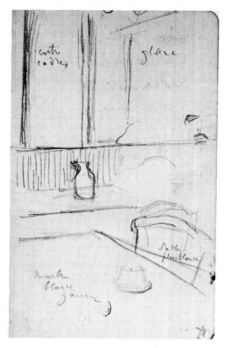

Nb. 26, p. 87

Nb. 26, pp. 84–3

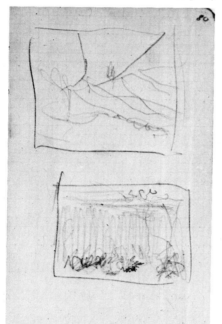

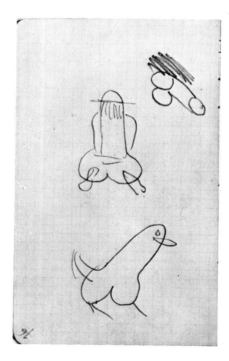

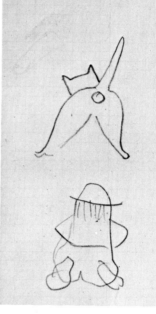

Nb. 26, pp. 80, 76 & 75

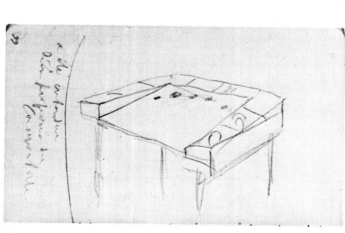

Nb. 26, p. 66

Nb. 26, p. 63

Nb. 26, p. 57

Nb. 27, p. 4

Nb. 27, p. 3

Nb. 27, p. 5

Nb. 27, p. 6

Nb. 27, p. 7

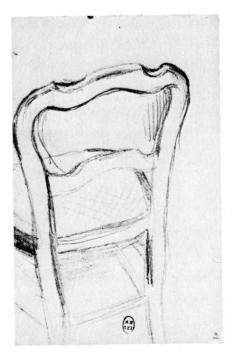

Nb. 27, p. 10

Nb. 27, p. 12

Nb. 27, p. 14

Nb. 27, p. 15

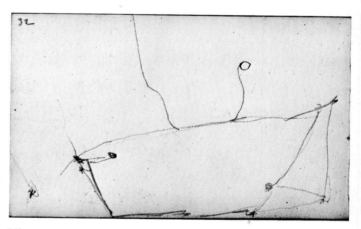

Nb. 27, p. 32

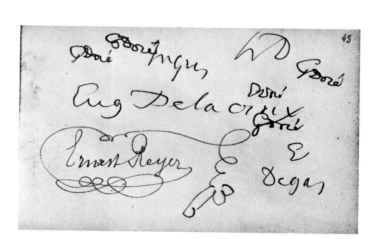

Nb. 27, p. 43

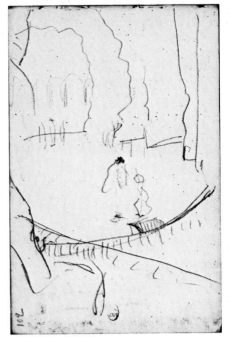

Nb. 27, p. 102

Nb. 27, p. 100

Nb. 27, p. 97

Nb. 27, p. 95

Nb. 27, p. 92

Nb. 27, p. 94

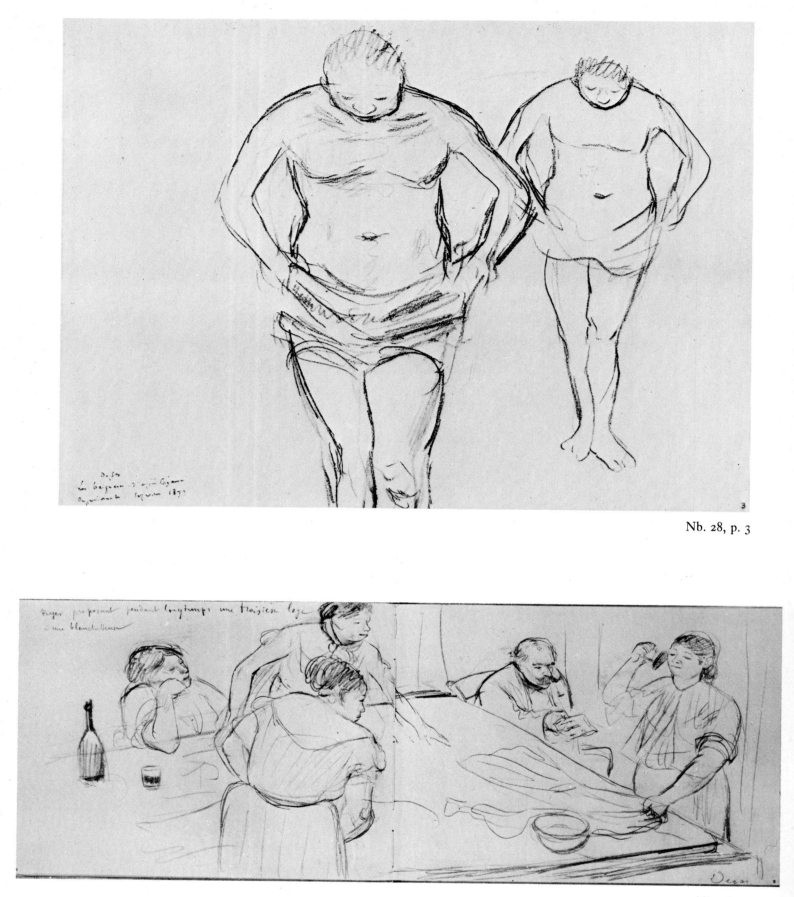

Nb. 28, p. 3

Nb. 28, pp. 4–5

Nb. 28, p. 7

Nb. 28, p. 9

Nb. 28, p. 11

Nb. 28, p. 15

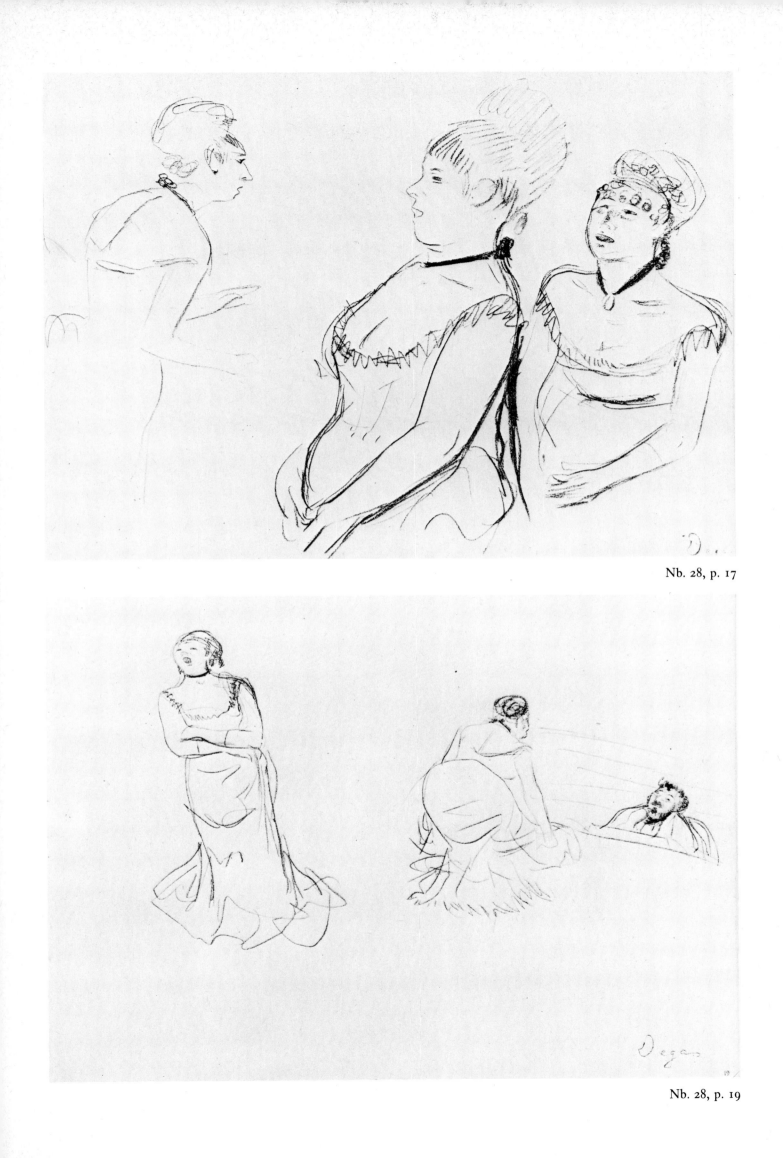

Nb. 28, p. 17

Nb. 28, p. 19

Nb. 28, p. 21

Nb. 28, p. 23

Nb. 28, p. 25

Nb. 28, pp. 26-7

Nb. 28, p. 29

Nb. 28, p. 31

Nb. 28, p. 33

Nb. 28, p. 35

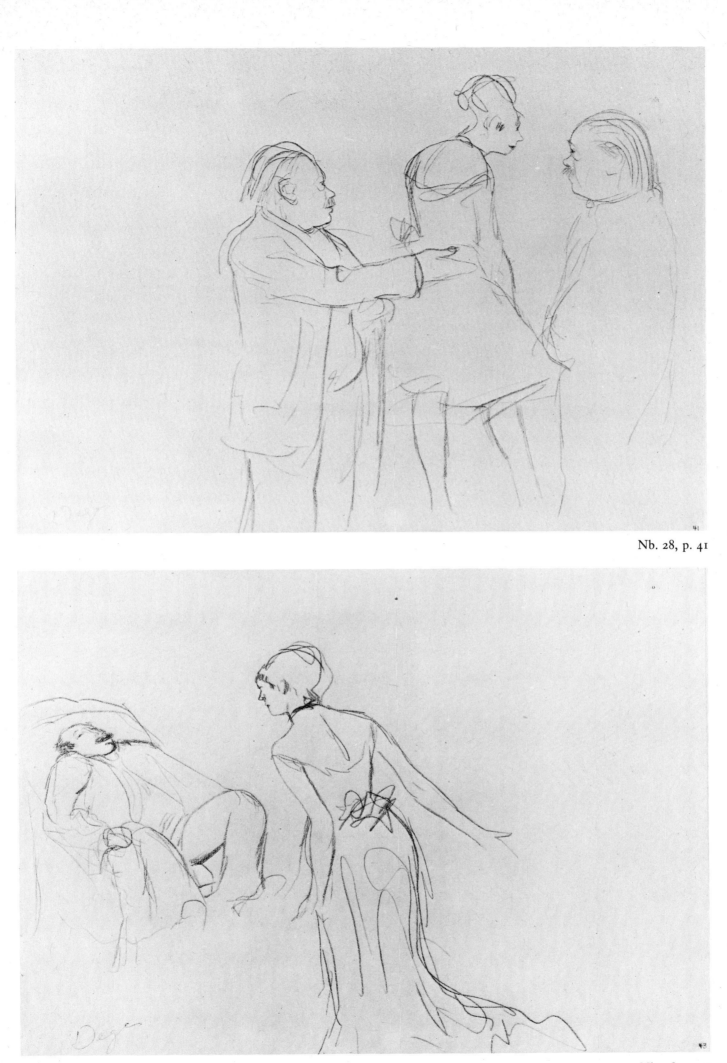

Nb. 28, p. 41

Nb. 28, p. 43

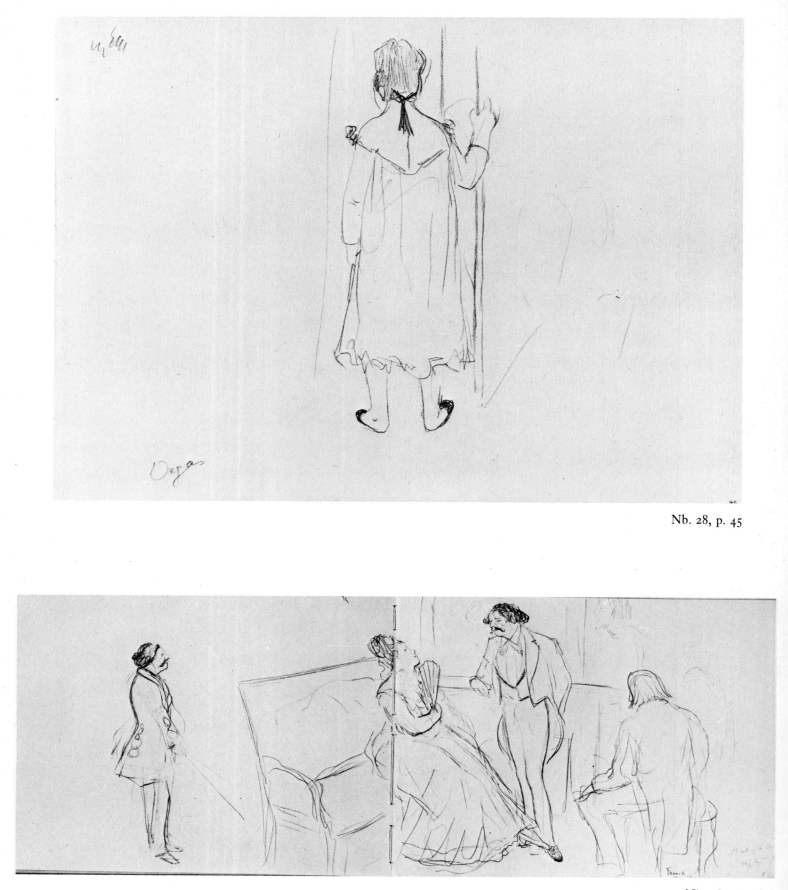

Nb. 28, p. 45

Nb. 28, pp. 46–7

Nb. 28, p. 49

Nb. 28, p. 51

Nb. 28, p. 53

Nb. 28, p. 57

Nb. 28, p. 59

Nb. 28, p. 61

Nb. 28, p. 63

Nb. 28, p. 65

Nb. 28, p. 70

Nb. 28, p. 72

Nb. 29, p. 3

Nb. 29, p. 5

Nb. 29, p. 7

Nb. 29, p. 9

Nb. 29, p. 11

Nb. 29, p. 13

Nb. 29, p. 15

Nb. 29, p. 17

Nb. 29, p. 19

Nb. 29, p. 21

Nb. 29, p. 23

Nb. 29, p. 25

Nb. 29, p. 27

Nb. 29, p. 29

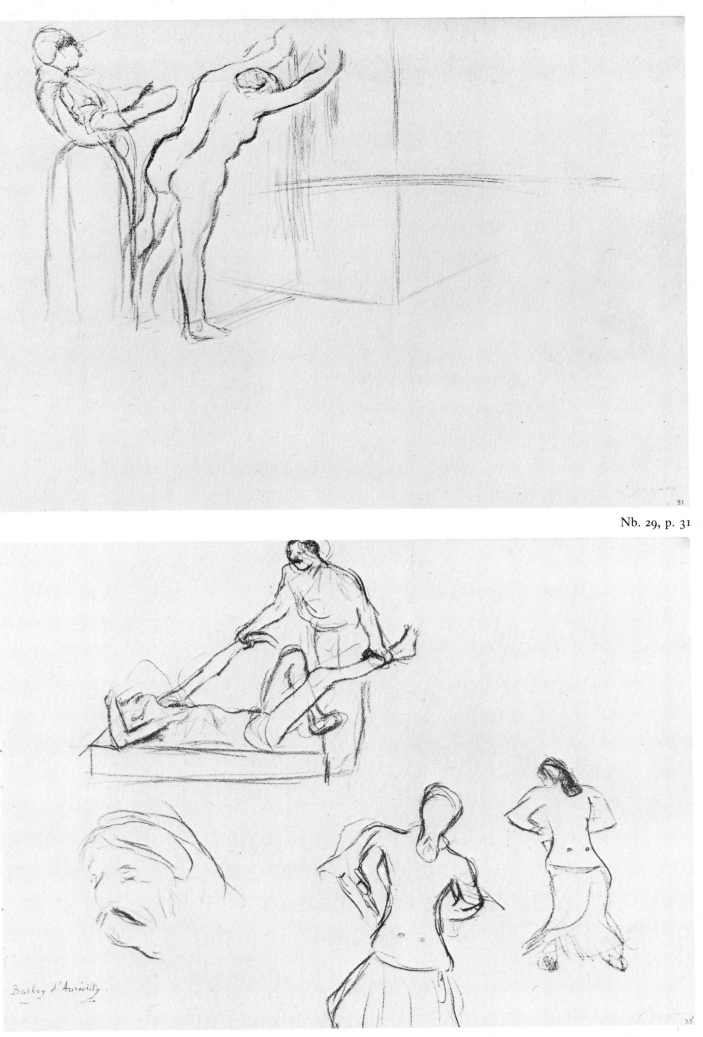

Nb. 29, p. 31

Barbey d'Aurevilly.

Nb. 29, p. 33

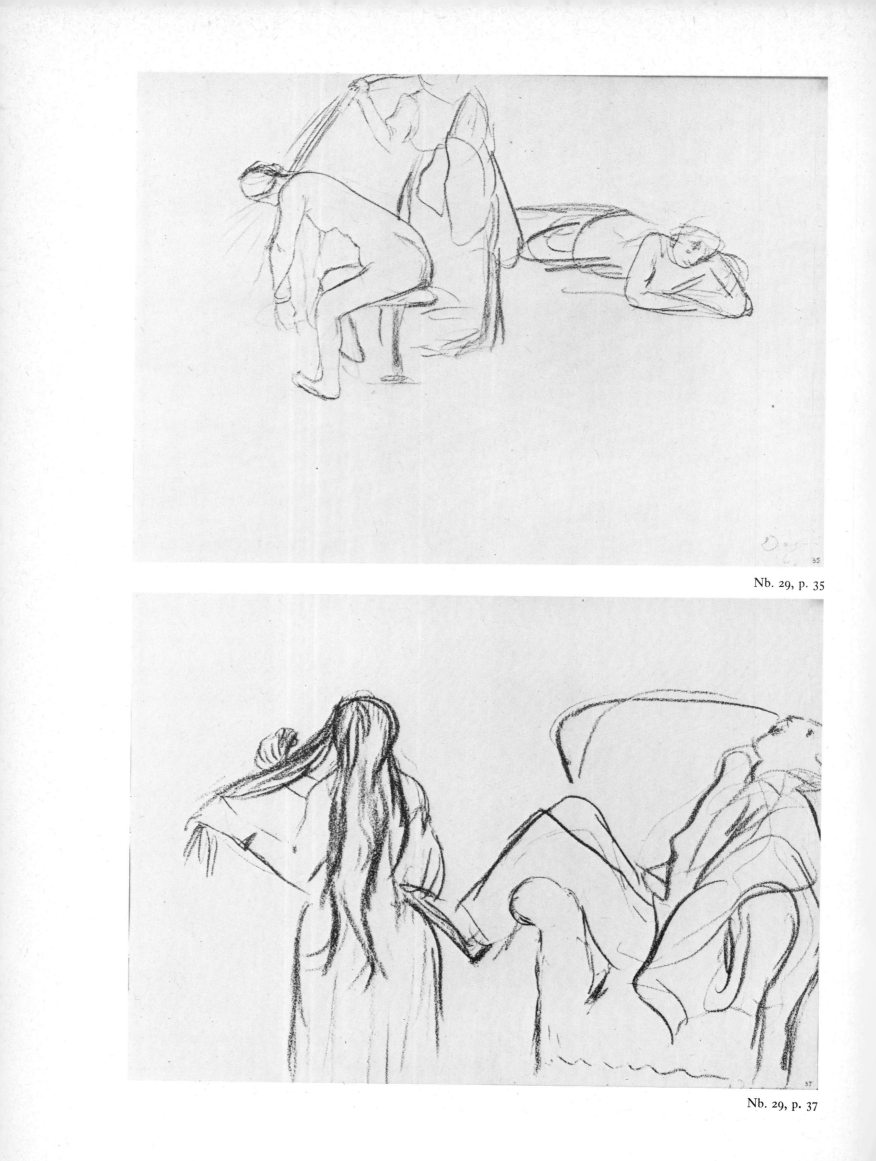

Nb. 29, p. 35

Nb. 29, p. 37

Nb. 29, p. 39

Nb. 29, p. 43

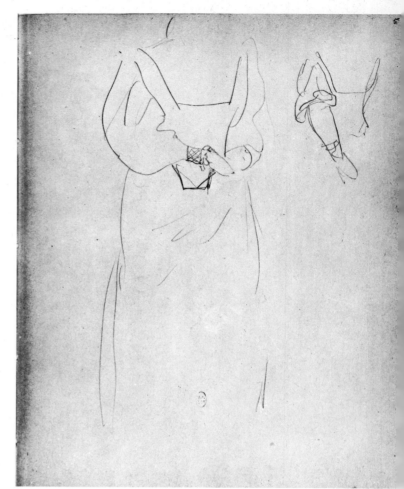

Nb. 30, p. 1

Nb. 30, p.

Nb. 30, pp. 2–3 (*detail*)

Nb. 30, p. 7

Nb. 30, p. 9

Nb. 30, p. 11

Nb. 30, p. 13

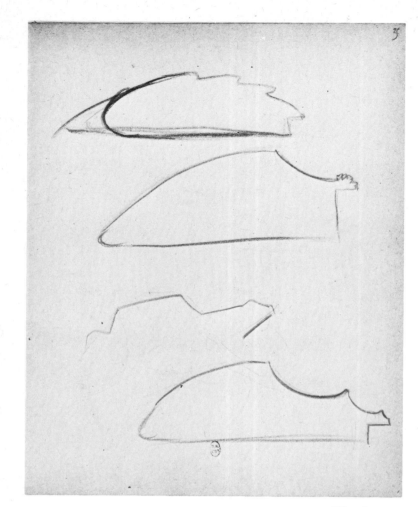

Nb. 30, p. 25

Nb. 30, pp. 213–12

Nb. 30, p. 200

Nb. 30, p.

on n'a jamais fait encore les monuments ou les maisons, d'enbas, en dessous, de près comme on les voit en passant dans les rues

Nb. 30, p. 196

Nb. 30, p. 190

Nb. 30, p. 186

Nb. 30, p. 184

Nb. 31, p. 1

Nb. 31, p. 3

Nb. 31, p. 5

Nb. 31, p. 9

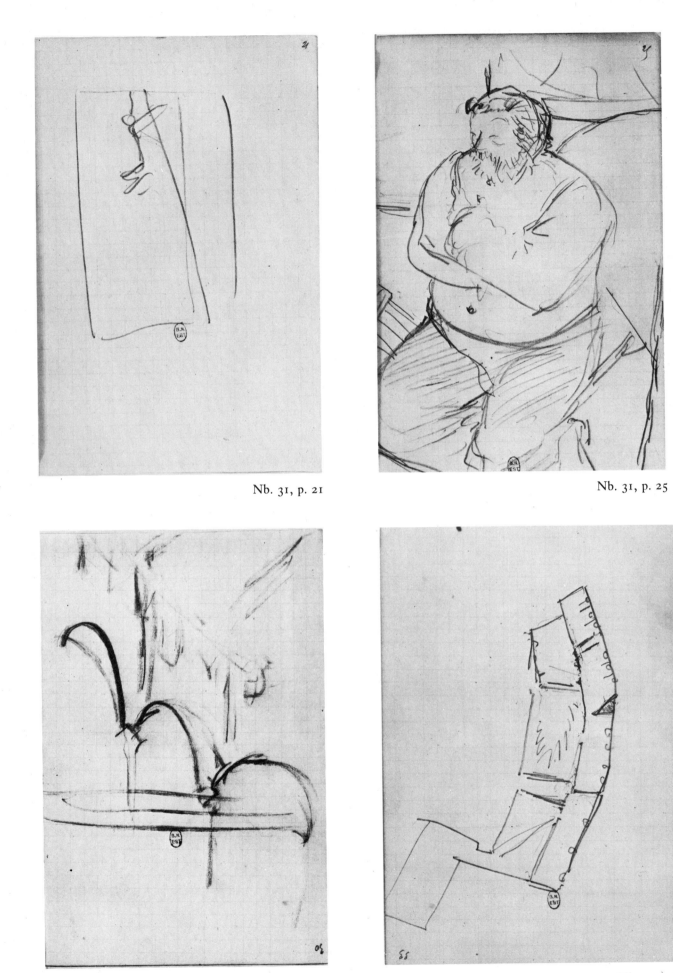

Nb. 31, p. 21

Nb. 31, p. 25

Nb. 31, p. 30

Nb. 31, p. 33

Nb. 31, p. 36

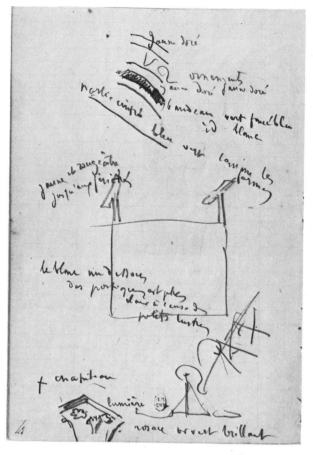

Nb. 31, p. 37

Nb. 31, p. 47

Nb. 31, p. 90

Nb. 31, p. 88

Nb. 31, p. 86

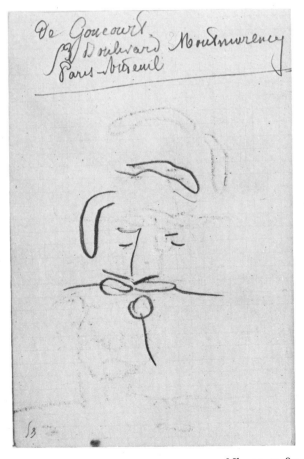

Nb. 31, p. 85

Nb. 31, p. 84

Nb. 31, p. 75

Nb. 31, p. 73

Nb. 31, p. 70

Nb. 31, p. 71

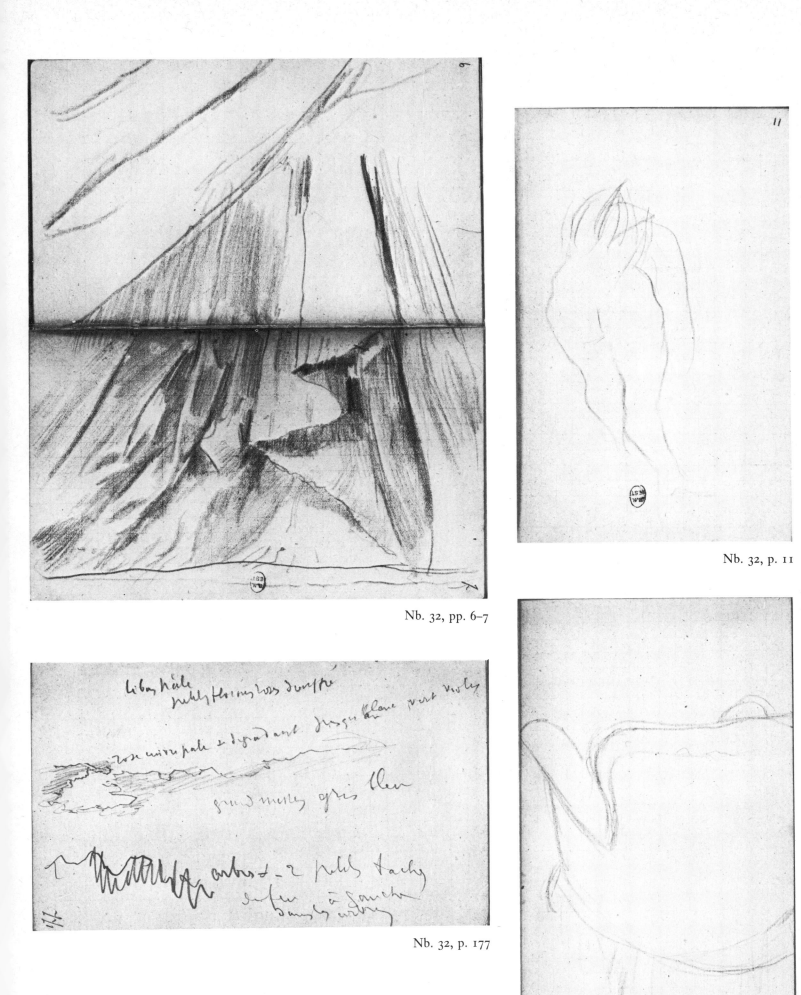

Nb. 32, pp. 6–7

Nb. 32, p. 11

Nb. 32, p. 177

Nb. 32, p. 151

Nb. 33, p. 1

Nb. 33, p. 2

Nb. 33, pp. 5V–6

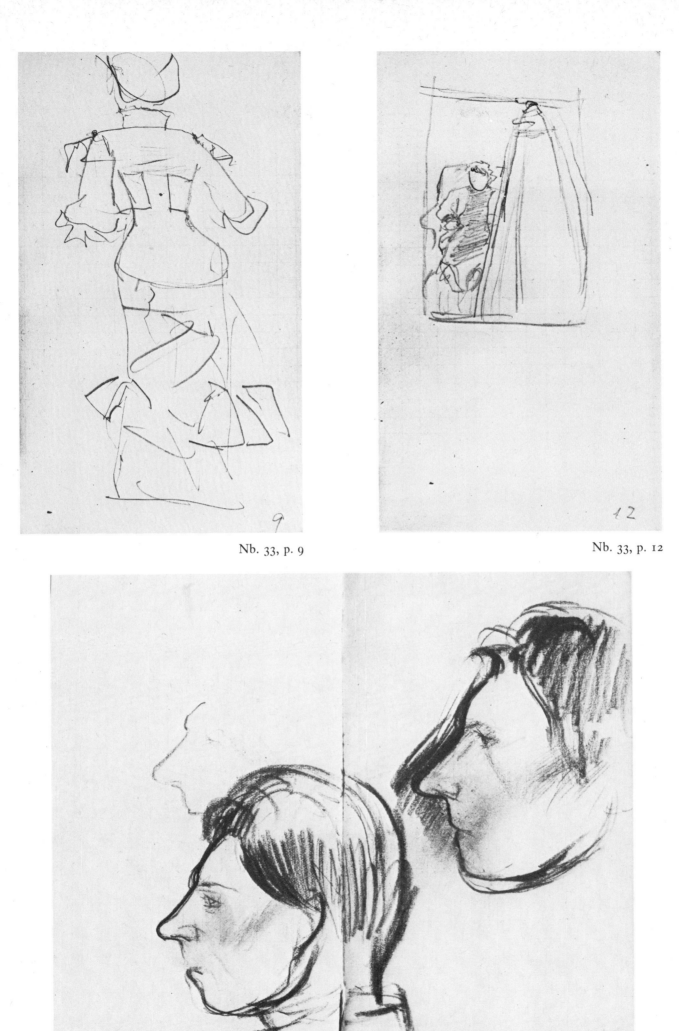

Nb. 33, p. 9

Nb. 33, p. 12

Nb. 33, pp. 10V–11

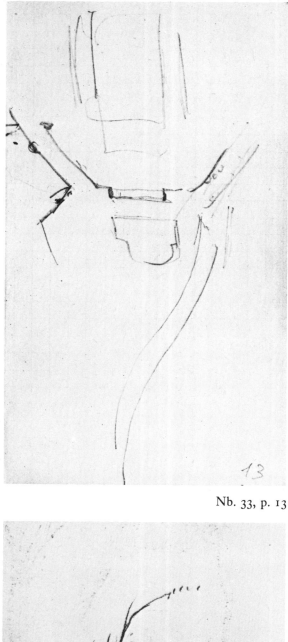

Nb. 33, p. 13

Nb. 33, p. 14

Nb. 33, p. 15V

Nb. 33, p. 16

Nb. 33, p. 23V

Nb. 33, p. 46V

Nb. 33, p. 47V

Nb. 33, p. 49V

Nb. 34, p. 3

Nb. 34, p. 10

Nb. 34, p. 13

Nb. 34, p. 15

Nb. 34, p. 17

Nb. 34, p. 19

cinq fois d'anne
du pied où la mique

Nb. 34, p. 21

Nb. 34, p. 29

Nb. 34, p. 37

Nb. 34, p. 228

Nb. 34, p. 227

Nb. 34, p. 208

Nb. 35, p. 1

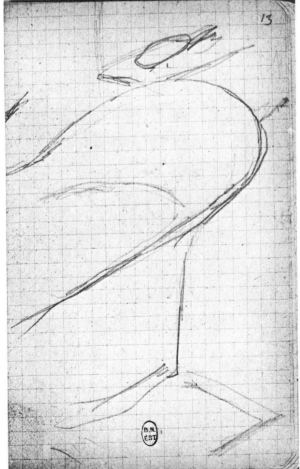

Nb. 35, p. 5

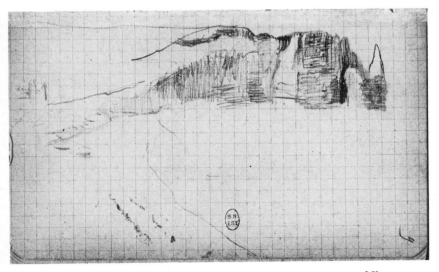

Nb. 35, p. 9

Nb. 35, p. 13

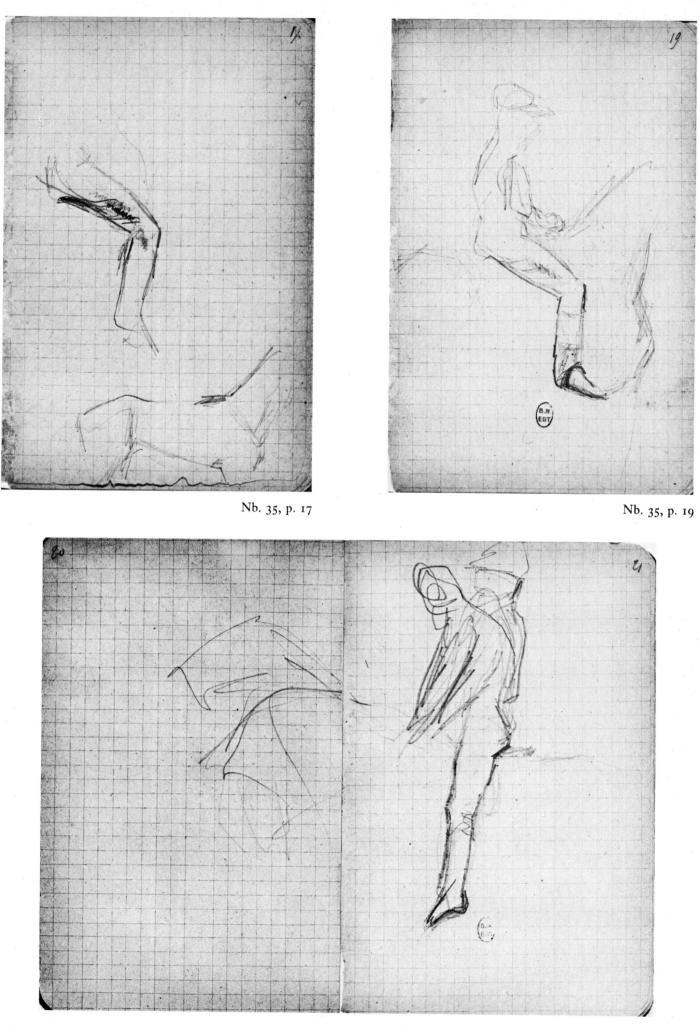

Nb. 35, p. 17

Nb. 35, p. 19

Nb. 35, pp. 20–1

Nb. 35, p. 22

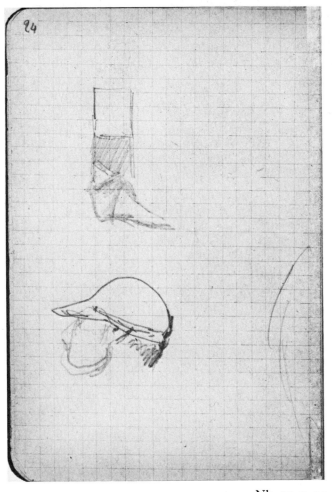

Nb. 35, p. 24

Nb. 35, p. 29

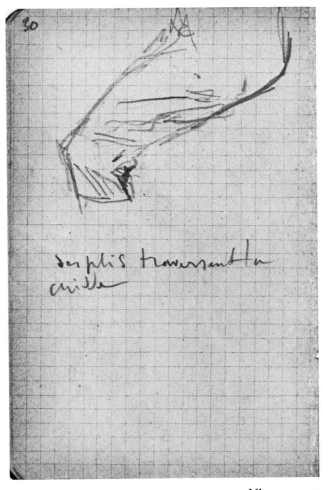

Nb. 35, p. 30

Nb. 36, p. 2

Nb. 36, p. 3

Nb. 36, p. 4

Nb. 36, p. 5

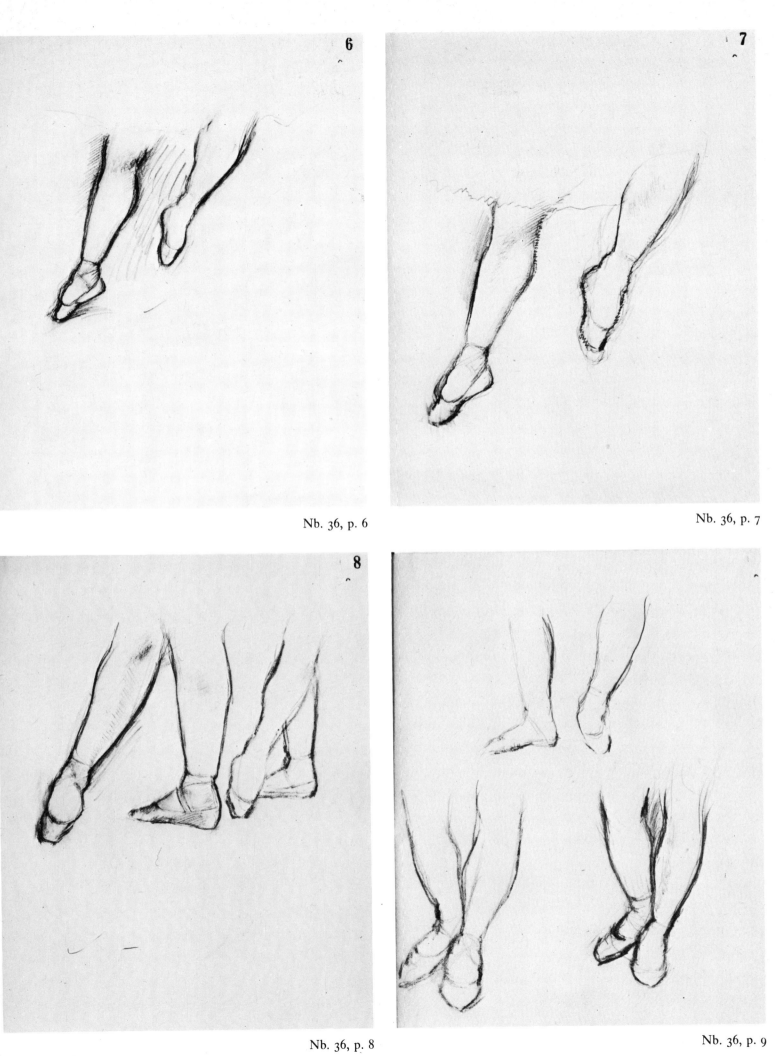

6

7

Nb. 36, p. 6

Nb. 36, p. 7

8

Nb. 36, p. 8

Nb. 36, p. 9

10

14

Nb. 36, p. 10

Nb. 36, p. 14

17

21

Nb. 36, p. 17

Nb. 36, p. 21

22

23

Nb. 36, p. 22

Nb. 36, p. 23

24

25

Nb. 36, p. 24

Nb. 36, p. 25

26

29

Nb. 36, p. 26

Nb. 36, p. 29

30

31

Nb. 36, p. 30

Nb. 36, p. 31

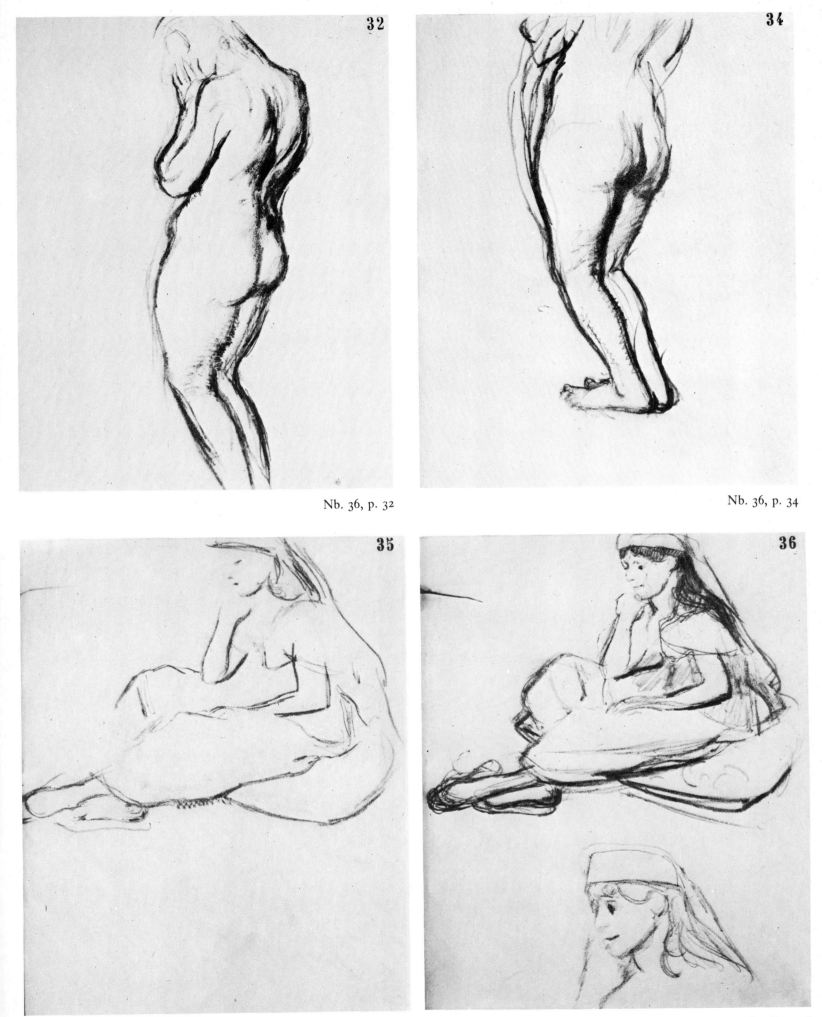

Nb. 36, p. 32

Nb. 36, p. 34

Nb. 36, p. 35

Nb. 36, p. 36

38

Nb. 36, p. 38

40

Nb. 36, p. 40

42

Nb. 36, p. 42

46

Nb. 36, p. 46

47

48

Nb. 36, p. 47

Nb. 36, p. 48

49

52

Nb. 36, p. 49

Nb. 36, p. 52

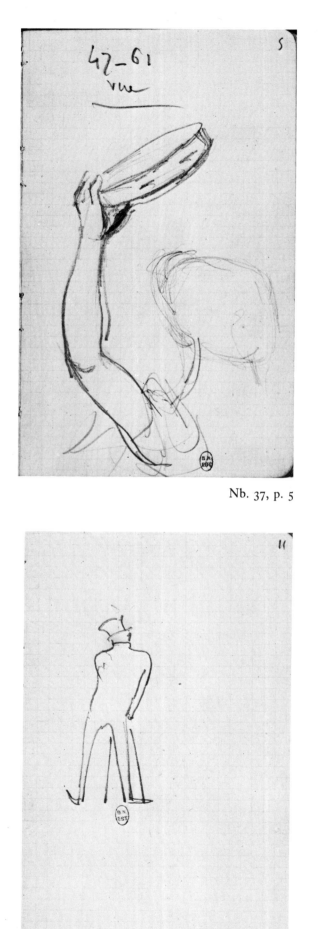

Nb. 37, p. 5

Nb. 37, p. 9

Nb. 37, p. 11

Nb. 37, p. 15

Nb. 37, p. 17

Nb. 37, p. 206

Nb. 37, p. 199

Nb. 37, p. 198

Nb. 37, p. 197

Nb. 37, p. 196

Nb. 36, p. 193

Nb. 37, p. 192